古代歷史文化研究輯刊

四編

王明蓀 主編

第6冊

西周衰亡原因之探討

梁國真 著

國家圖書館出版品預行編目資料

西周衰亡原因之探討／梁國真 著 — 初版 — 台北縣永和市：
花木蘭文化出版社，2010〔民 99〕
目 2+150 面；19×26 公分
（古代歷史文化研究輯刊 四編；第 6 冊）
ISBN：978-986-254-226-2（精裝）
1. 土地制度 2. 西周史
554.292   99012821

ISBN - 978-986-254-226-2

9 789862 542262

古代歷史文化研究輯刊
四 編 第 六 冊   ISBN：978-986-254-226-2

西周衰亡原因之探討

作 者 梁國真
主 編 王明蓀
總 編 輯 杜潔祥
印 刷 普羅文化出版廣告事業
出 版 花木蘭文化出版社
發 行 所 花木蘭文化出版社
發 行 人 高小娟
聯絡地址 台北縣永和市中正路五九五號七樓之三
        電話：02-2923-1455／傳真：02-2923-1452
電子信箱 sut81518@ms59.hinet.net
初 版 2010 年 9 月
定 價 四編 35 冊（精裝）新台幣 55,000 元

西周衰亡原因之探討

梁國真　著

作者簡介

梁國真，台灣台南縣人，一九六一年生。成功大學歷史系、文化大學史學研究所碩士班及博士班畢業，一九九四年獲文化大學史學博士，現任明新科技大學人文社會與科學學院副教授。主要著作有〈從典籍金文綜論西周之衰亡〉（碩士論文）〈商周時代的東夷與淮夷〉（博士論文）、〈試論西周晚期的外患〉、〈試論商代宗教信仰型態的演變〉、〈西周春秋時代宗教思想的演變〉等。

提　要

　　西周之衰亡，有其複雜的因素和過程。本文綜合典籍與金文資料，從以下幾個角度加以考察：在王權發展方面，西周封建為政治的結構，原有王權與諸侯分權的特色，但是西周中期，王權意識已有所提高，厲、宣之時，王權的發展達於高峰；另一方面，貴族諸侯的勢力也逐漸強大，雙方因而產生權力的衝突，使政治局勢不安，並間接地導致西周覆亡。在禮法制度方面，西周中期時，王室與貴族講究繁文褥節，因而斲喪了周人的生命活力，而且形成豪奢的風氣，腐蝕社會的根本；此時禮法制度已產生變動或破壞，至西周晚期，破壞得更劇烈，這是西周步入衰亡的重要因素。在軍事方面，西周中期的主要外患是東南方的淮夷，到了西周晚期，淮夷仍叛服不常，北方的外患卻突然加劇，形成南北交侵的局面，厲王雖能平服淮夷，卻阻遏不了戎勢，宣王初期雖敗玁狁，定淮夷，卻消耗了不少國力，以致晚期時，對戎人的戰爭轉趨不利，此一情勢至幽王之時更加惡化，終使西周亡於戎禍。綜合言之，西周之衰，始自中期，而西周之亡，雖亡於幽王之手，但有不少因素已潛伏於宣王時代。本文即從上述幾方面，探討西周衰亡的過程及其原因。全文凡六章：

　　第一章「緒論」：分為二節，除了介紹金文的新資料，和西周史的研究趨向外，並討論西周初期軍事發展、封建和政治權力結構的背景。

　　第二章「政治的治亂和王權發展的衝突」：分為二節，主要探討西周中晚期政治治亂和王權的發展，與西周覆亡的關係。

　　第三章「禮法的僵化與社會的變動」：分為二節，從西周中晚期，禮法制度的變動或破壞，以窺西周覆亡的社會經濟背景。

　　第四章「軍事態勢的轉變」：分為二節，分析西周中期的外患情形，及其對西周晚期之軍事態勢所造的影響。

　　第五章「南北外患的交侵與西周的覆亡」：分為二節，說明南北外患交侵，對於西周覆亡的影響。

　　第六章「結論」：綜合討論西周覆亡的各種原因，並重申本文的主要論點。

目

次

第一章　緒　論

第一節　西周新資料的發現與西周史研究的趨向

　　史學研究必須依據資料，資料的多寡，往往左右學者對歷史的解釋。資料愈多，愈能掌握歷史事件的來龍去脈，資料愈少，歷史的眞相，就比較難以了解。歷史事件之發生，往往有其複雜的過程和原因，而古代典籍所記，或以斷簡殘篇，難以詳其始末；或以年代久遠，眞象已湮沒不彰。而且即使典籍所記較爲詳盡，有些亦因各家見仁見智，而難成定論。所以新史料的出現，往往能補助舊史料之不足，最爲學者所樂見。再者，我國上古史的文獻資料，多係經傳諸子，原有其特定的著作目的，卻據以考察某一歷史事件的原委，眞是戞戞乎其難。《史記》一書，雖較爲完整，但對古代史事亦僅記述一個大概而已，其內容可說甚爲疏略，例如周本紀就是如此。文獻記載的古代史事，旣是一麟半爪，因此古史的研究，新舊史料的參得互運用，實爲不可或缺的工作。〔註1〕

　　自王國維先生〈古史新證〉主張以「地下史料」來印證「紙上史料」〔註2〕以後，甲文、金文運用於古史的研究，成爲地下史料中最基本的部分。以往甲骨文對於殷商史的研究，在學術上已有可觀的成績，金文之於西周的研究，相形之下，就沒有甲骨文那般地光彩奪目。但近數十年來，重要的銅器銘文不斷

〔註 1〕 這點從王國維先生〈古史新證〉以來，已成史學界共同的體認。
〔註 2〕 這是王國維先生所謂的「二重證據法」，見〈古史新證〉(收於《王觀堂先生全集》第六冊，台北，文華出版公司，民國 57 年 3 月)

出現，提供了許多新的金文史料，使西周史的研究風氣大開，時至今日，金文已有成爲研究西周史主要材料的趨勢，如果捨金文資料不用，西周史的研究，幾乎難以進行。〔註3〕

近三十多年來，地下考古發掘的資料，爲數甚爲可觀，在西周部分，不僅有銅器銘文的出土，其他如建築、文化遺址和墓葬等的發現也很多，使我們對西周的文化風貌和禮制等，得以獲致更深的認識，茲將一些重要的新發現簡介如下，以便我們對西周史研究的現況有所瞭解：

民國六十五年（1976）二月，陝西岐山縣鳳雛村發現一座大型的宮殿遺址，學者推測這裏可能是周人早期都城岐邑的中心地區；〔註4〕次年，在這座宮殿基殿基址下，又發現了大批甲骨，共一萬七千多片，〔註5〕這批甲骨的年代，上起周文王，下至昭、穆，包括了整個西周前期；〔註6〕這兩批文化的出土，有助於了解周人起源的問題。陝西臨潼縣所出土的「利簋」，曾掀起討論的熱潮，銘文記載武王在甲子日擊敗紂王，〔註7〕它是目前西周最早的銅器銘文。除了「利簋」之外，陝西寶雞曾出土一件「㝬尊」，器形非常漂亮，是銅器藝術中的瑰寶，銘文記載成王五年舉行建成周的祭祀大典，〔註8〕從銘文中可以看出，武王已有營建成周的計劃，以統馭東土，但未竟其志即其世。另一件出土的周初銅器，是江蘇丹徒煙墩出土的「宜侯夨簋」，具有重要意義，銘文記載康王在宜冊令虎侯夨爲宜侯，並賞賜宜侯土地、百姓和王人等，其數量相當多，是研究周初封建的好材料。以前學者認爲宜是康王時，周人東進至江蘇的重要據點，〔註9〕但最近又有學者認爲它是由中原流傳過去之器，

〔註3〕 1983 年 10 月 7 日～17 日，「人文雜誌社」等在寶雞和洛陽舉辦規模盛大的「西周史學術討論會」，與會學者有七十六人，發表的論文有數十篇，範圍涵蓋政治、軍事、經濟、制度、考古、金文和先周文化等，其中大部份論文都依據金文立論，由此可見目前西周史研究的盛況，以及金文資料之重要性。

〔註4〕 陳全方，〈早周都城岐邑初探〉，《文物》，1979 年第十期，頁 44～49。

〔註5〕 陝西周原考古隊，〈陝西岐山鳳雛村發現周初甲骨文〉，《文物》，1979 年第十期，頁 38～43。

〔註6〕 李學勤，〈西周甲骨的幾點研究〉，《文物》，1981 年第九期，頁 7～12。

〔註7〕 于省吾，〈利簋銘文考釋〉，《文物》，1977 年第八期，頁 10～12。此器於民國 65 年 3 月出土。

〔註8〕 唐蘭，〈㝬尊銘文解釋〉，《文物》，1976 年第一期，頁 60～63。此器於民國 52 年出土。

〔註9〕 唐蘭，〈宜侯夨殷考釋〉，《考古學報》，1956 年第二期，頁 79～83。此器於民國 43 年出土。

不能代表康王時周人的勢力，已經發展到江蘇丹徒。〔註 10〕

近幾十年來，冀北熱河地區常出土西周銅器，遼東凌源縣海島營子村（即喀左北洞村）曾出土「匽侯盂」，後來喀左縣又發現周初銅器窖藏，北平房山琉璃河黃土坡村也出土早周復器，內容多記受"匽"錫賞，根據這些資料，學者認爲第一代燕侯的都邑，就在北平地區，而且西周初期，燕國的勢力可能已越過燕山，而及於大凌河流域，〔註 11〕這使傳統的說法受到了極大的挑戰。「臣諫簋」的出土，則有助於了解周初周人與戎人的關係，此器屬於西周前期，銘文記載戎人大舉來犯，邢侯禦之，由銅器出土的地點，可以確定邢之始封，在今河北邢台，而且綜合其他文獻記載，也可以判斷邢之受封，是帶有禦戎的作用，以捍衛齊、宋、衛、曹諸國。〔註 12〕民國六十五年（1976），陝西扶風莊白村發現一大批窖藏青銅器，共計一百零三件，其中有銘文者七十四件，〔註 13〕這座窖藏銅器包括了祖孫六代器，學者稱之爲「微史家族銅器」，〔註 14〕其中最引人注目的是「史墻盤」，盤銘歷敍武、成、康、昭、穆、恭六王之大事，以及高祖至墻的五代事蹟。微史家族銅器的出現，具有多項重要意義：第一，它提供了西周史研究的新資料；第二，這些銅器可以拿來作爲西周器斷代的標準；第三，微史家族本身的歷史，可以作爲研究西周世族發展史的資料。

西周中晚期的銅器另一重要發現，是陝西岐山縣董家村出土的一批裘衛家族銅器，〔註 15〕它提供了西周中晚期，有關社會經濟一些重要資料。這批銅器包括了裘衛、公臣和旅伯三代。銘文內容記載裘衛和矩伯和邦君厲，各進行過一次土地交易，又有一次矩伯授給裘衛在某一森林的獵狐權。矩伯之所以跟裘衛進行兩次交易，都是因爲要參加盛典，而向裘衛索取皮革製品和

〔註 10〕黃盛璋，〈銅器銘文宜、虞、矢的地望及其與吳國的關係〉，《考古學報》，1983第三期，頁 295～304。

〔註 11〕晏琬，〈北京、遼寧出土銅器與周初的燕〉，《考古》，1975 年第五期，頁 274～279。

〔註 12〕李學勤、唐雲明，〈元氏銅器與西周的邢國〉，《考古》，1979 年第一期，頁 56～59。此器於民國 65 年出土。

〔註 13〕陝西周原考古隊，〈陝西扶風莊白一號西周青銅器窖藏簡報〉，《文物》，1978年第三期，頁 1～18。

〔註 14〕唐蘭，〈略論西周微史家族窖藏銅器的重要意義〉，《文物》，1978 年第三期，頁 19～24。

〔註 15〕岐山縣文化館等，〈陝西省岐山縣董家村西周銅器窖穴發掘簡報〉，《文物》，1976 第五期，頁 26～44。這批銅器出土於民國 64 年 2 月。

其他裝飾品,當時的裘衛只是司裘的小官,到了第三代的旅伯,就已官拜膳夫。由這些銘文資料,可以看出當時的土地是可以交易的,而矩伯以土地和獵狐權來交換皮革裝飾品,顯示其家道已中衰,矩伯與裘衛兩家的消長,代表當時社會變動的一面。與裘衛同族銅器同時出土的,還有一件「𤼈匜」,年代屬於西周晚期偏早,銘文敍述一位職司牧牛者,因與其長官爭訟,違背了當初所立的誓言,依法應受一千鞭刑和墨刑,但經赦免,改成罰金三百鋝。由這項記載,可見西周時已有一套刑制,《尚書·呂刑》所記各種刑罰,並非虛構,而且銘文所敍之刑罰,與《周禮·條狼氏》之記載大體相合,因此《周禮》一書應非全爲僞作,它有許多地方可能有其根據。〔註16〕

近年出土一件「多友鼎」,屬於厲王時器,銘文記載玁狁攻陷京師、荀邑等,擄走這兩地的人口,王命武公予以反擊,武公又命多友追擊之,多友四戰四勝,不僅奪回被俘之人,還擄獲戎車一百二十七乘,折首四百多人;銘文記載了五個地名,原本有助於了解玁狁的所在也,但有的學者認爲這些地名是在陝西,〔註17〕有的學者則考證是在山西,〔註18〕反而更增添紛擾。不過,根據銘文,可以發現武公軍隊的戰鬥力相當強,而且多友所俘獲的戎車有一百二十七乘之多,可知玁狁已會使用車戰。陝西扶風縣齊家村發現一件「𤼈簋」,是周厲王自作之器;〔註19〕後來陝西扶風縣白家村又發現一件「𤼈鐘」,也是厲王自之器,〔註20〕銘文後皆云「𤼈其萬年」,與「宗周鐘」同,由此可以證明宗周鐘可能是厲王自作之器,過去以其爲昭王之器的說法,亦應有修正。河南省三門峽市上村嶺曾發現虢國貴族的墓地,共共二三四座,還有三座車馬坑和一座馬坑,時代屬於西周晚期到東周早期,根據考證,這是"北虢"的墳墓遺址。其內涵豐富,年代下限明確(前655,虢爲晉所滅),是研究西周和東周之際,特別是當時虢國文化面貌的一批典型材料。其中,車馬坑保存良好,已能相當完整的復原當時的車子,並補足了辛村、張家坡

〔註16〕 李學勤,〈岐山董家村訓匜考釋〉,《古文字研究》第一輯(1979年10月)。

〔註17〕 李學勤,〈論多友鼎的時代及其意義〉,《人文雜誌》,1981年第六期,頁87～92。此器出土於民國70年。

〔註18〕 黃盛璋,〈多友鼎的歷史與地理問題〉,《古文字論集》(一)(考古與文物叢刊第二號,1983年11月),頁12～20。

〔註19〕 羅西章,〈陝西扶風發現西周厲王𤼈殷〉,《文物》,1979年第四期,頁89～91。此器出土於民國67年5月。

〔註20〕 穆海亭、朱捷元,〈新發現的西周王室重器五祀𤼈鐘考〉,《人文雜誌》,1983年第二期,頁118～121。此器出土於民國70年。

車子，及輝縣琉璃閣戰國車子之間的缺環。〔註21〕

　　有關西周史的史料，由於典籍所載相當簡略，因此，金文及其他考古文物新資料的大量出土，提供了周西史研究許多寶貴的材料，使我們對西周史的面貌，有更清晰的認識，也因爲如此，這些新資料就成爲目前研究西周史的重要依據。

第二節　西周衰亡原因的再檢討

　　銅器銘文是目前研究西周史的寶貴材料，迄今爲止，出土的西周帶銘銅器，已不下數百件之多，但這些銅器銘文，除了少數的標準器，明確地記載屬於那一個王之外，大多數都不知其正確的年代，因此，欲利用銅器銘文來研究西周史，首須做好銅器斷代的工作。西周銅器斷代綜合研究，始於郭氏的《兩周金文辭大系考釋》，自從此書問世之後，西周銅器的斷代，才有了初步的標準，金文資料也才能大量地運用於西周史的研究上。因此，郭氏在銅器斷代上的貢獻，可以與董作賓在甲骨文斷代上的貢獻相媲美。繼郭氏之後，對西周銅器斷代做綜合研究的，有吳其昌的〈金文麻朔疏證〉、容庚的《商周彝器通考》和陳夢家的〈西周銅器斷代〉。他們四人所使用的方法，郭氏和容氏是以人名的繫連爲主，銅器的花紋形制爲輔，吳氏是從器銘的年月干支和曆法著手，陳氏則偏重於銅器的花紋形制。然而，理想的斷代方法，應該是人名與花紋形制和曆法並重，才能使研究成果臻於客觀，他們四人的斷代方法各有所偏，所得的結論，自然有不少地方不能盡如人意。如今，隨著新器銘不斷的出土，人名的連繫已有更多的依據，累積的花紋形制的知識，也愈來愈豐富，這些有利的條件，促使目前斷代的研究，有令人刮目相看的成績。例如，以前定在成王時代的伐楚諸器，現在已必須改隸爲昭王時器；〔註22〕記伐東夷的「明公簋」和「小臣謎簋」等器，以前定在成王時期，現在也要改定在康昭時期；〔註23〕記毛公三年靜東國的「班簋」，須由成王時代改定爲穆王時代；〔註24〕「宗周鐘」亦須由昭王時器

〔註21〕中國科學院考古研究所編，《上村嶺虢國墓地》（中國田野考古報告集，考古學專刊丁種第十號，北京，科學出版社，1959 年 10 月）。這處墓地發掘於民國 45～46 年。

〔註22〕見唐蘭，〈論周昭王時代的青銅器銘刻〉，《古文字研究》第二輯（1981 年 1 月），頁 12～162。

〔註23〕見唐蘭，〈論周昭王時代的青銅器銘刻〉，頁 12～162。

〔註24〕見李學勤，〈西周中期青銅器的重要標尺——周原莊白、強家兩處青銅器窖

改定爲厲王時器。〔註25〕從這些例子可以看出，隨著銅器斷代研究的開展，有關西周史的許多問題也必須重新檢討和改寫。

器銘斷代的改變，固使西周史的許多問題必須重新改寫，大量金文資料和考古文物的出現，也大有助益探索西周歷史的發展，此外，典籍所載之史料，前人固有所研究，然隨著新資料的出土，亦不乏有可重新檢討者。西周衰亡的過程和原因，學者雖有所討論，但能吸收金文和考古文物新資料，佐之以文獻新解釋，而予以系統的研究者，尚不多見，因此，本文綜合典籍和金文，並博採當代學者的意見，對此一問題，提出個人研究的心得。

從政治、社會和制度方面來看，西周之衰亡，始自西周中期。而西周之所以自中期之後，開始步入衰途，以至於覆亡，有些因素與周天子的作爲有關，有些是屬於整個歷史發展的趨勢，有些須歸因於西周初期的軍事發展。因此，在開始討論西周衰亡之前，有必要先概論一下西周初期的軍政情勢，以便於後文之討論。

西周初期，周人最大的威脅來自東方。牧野一戰，周人雖克紂，代殷而起，統有天下，但周本西土小邦，其軍隊數量並不多，克商之舉，頗多借助於諸侯之力；〔註26〕因此，牧野戰後，周人一時無法繼續東進，乃封紂子武庚於朝歌，以示妥協，並封三監以監視之。然武王去世後，三監聯合武庚反，奄和淮夷亦附之，局勢非常險惡，周人乃再次東征，經過一番征戰，才弭平亂事，底定東方。〔註27〕由於河南山東是殷人政治勢力的核心地區，〔註28〕

藏的綜合研究〉，中國歷史博物館館刊，1979 年第一期，頁 34。

〔註25〕張政烺，《周厲王胡簋釋文》，古文字研究第三輯（1980 年 11 月），頁 104～119。

〔註26〕《史記‧周本紀》稱武王率戎車三百乘，虎賁三千人伐紂，而諸侯兵會盟津者，有四千乘之多，可見周人的武力相當少，在諸侯聯軍中所佔的比例並不高，克商之舉，應該頗多借助於諸侯之力。

〔註27〕關於二次東征，葉達雄先生認爲是成王親自率軍前往平定管、蔡的作亂，一方面派周公率軍直接討伐武庚，雙管齊下，等到管、蔡亂平之後，成王再前往伐祿父等東夷。（見〈西周文、武、成、康時代的文治與武功〉，《收於西周政治史研究》，頁 28，明文書局，民國 71 年 12 月）。杜正勝先生則認爲二次東征是由周公所領導，成王根本沒有參與（見〈尚書中的周公〉，收於氏著《周代城邦》，頁 157～220，聯經出版事業公司，民國 70 年 8 月）兩說未知孰是，但不論如何，到成王五年雒邑建成後，東方可能已經底定。

〔註28〕陳夢家曾根據古史傳說，與卜辭所見都邑和征伐的方國，定出商殷的四界如下：
北約在緯度 40°以南易水流域及其周圍平原

殷人、奄和淮庚又曾大規模反周，因此，周初軍事征伐的重點，就集中在這個地區。同時，爲了加強控制，這裏的同姓封國也最多，《左傳》曰：

> 昔周公弔二叔之不咸，封建親戚，以蕃屛周。管、蔡、郕、霍、魯、衛、毛、聃、郜、雍、曹、滕、畢、原、酆、郇，文之昭也。邘、晉、應、韓，武之穆也。凡、蔣、邢、茅、胙、祭，周公之胤也。
>
> 〔註 29〕

同姓諸侯之封，是爲了「以蕃屛周」，據統計，這二十六國的分佈情形，在河南者十三，當全數之半，在山東者六，在陝西者三，在河北者一；〔註 30〕河南山東共有十九個封國，佔總數的三分之二強，其中還包括衛、魯、燕三個大封國，可見周人對東方用力之深了。

值得注意的是，這項征服結果，對西周中晚期的軍防大勢，有很大的影響。楊寬曾分析西周封國的作用，他指出：郕、滕、魯是用以控制東夷和淮夷，蔣用以控制淮水以南的群舒及淮夷，邢控制戎狄，唐、韓也控制戎狄。〔註 31〕這些封國，有些發揮了很大的作用，有些則否。在東方，昭王時東夷又大反一次，經平定後，至宣王之時，東方似未再發生大動亂，可見這地區的征服很成功。邢唐之控制戎狄，根據臣諫簋及春秋初期邢侯破戎的記錄來看，「可知邢國的建立本來就有遏制戎人，作爲周朝北方屛障的作用，以護衛、齊、宋、魯等華夏諸侯。」〔註 32〕迄魯僖公二年，邢被狄人擊潰爲止，邢國一直都能圓滿地達成任務；唐則不然，根據《左傳》，唐之受封，是「分唐叔以大路、密須之鼓，闕鞏、沽洗，懷姓九宗，職官五正」（定公四年），爲周初重要封國之一，但觀西周晚期，玁狁肆虐，蔚爲北方大患，王師頻頻出動，可知唐並沒有發揮預期的防禦作用。在南方，有所謂「漢陽諸姬」，大概以蔣、隋最重要，但觀西周中晚

南約在緯度 33°以北淮水流域與淮陽山脈

西不過經度 112°在太行山脈與伏牛山脈之東

東至於黃海、渤海

而謂：「這個區域相當於今天行政區域的山東、河北、河南三省和安徽、江蘇兩省的北部，而以河南、山東兩省爲主要部份。」見《卜辭綜述》（台北，大通書局），頁 311。

〔註 29〕《左傳·僖公二十四年》。

〔註 30〕見齊思和，〈西周地理考〉，原載《燕京學報》第三十期，收入《中國史探研》（台北，弘文館出版社，民國 74 年 9 月），頁 45〜46。

〔註 31〕楊寬，〈西周春秋時代對東方和北方的開發〉，《中華文史論叢》，1982 年第四期，頁 109〜132。

〔註 32〕李學勤、唐雲明，前引文，頁 57。

期淮夷為禍之烈，亦可知些封國並沒有發揮作用。總括說來，東方是殷人勢力的核心區域，周人在此用力最深，所得的成果也最大，國基因之穩固，但相對地，由於在此耗費的精力過大，以致在其他方面的發展，顯得心勞力絀。在北方，只能採取守勢，在南方，雖略有進展，但成效不大，西周晚期玁狁與淮夷南北交相為患，不能不說是肇因於此一軍事發展的特質。

周人統有天下後，大規模地實施封建，封建的種類，有親戚城邦、傳統古國和有功的異姓部族等，其中，同姓的親戚城邦才是封建制度的核心，〔註33〕其他非姬姓國家之封，是迫於形勢，情非得已。因此，姬姓國家大多封於平壤沃野和戰略要地，使能真正達到「以蕃屏周」的目的。而為了確保同姓國家和王室，能彼此一直和睦相親，周人又把宗法制度運用到政治上。宗法制度包括昭穆制和大小宗制，其精神都是在提醒宗親意識，以便收族，進而達到鞏固社稷的目的。〔註34〕周襄王時的富辰曾曰：

> 大上以德撫民，其次親親，以相及也。周公弔二叔之不咸，故封建親戚，以蕃屏周。……周之有懿德也，猶曰「莫如兄弟」，故封建之，其懷柔天下也，猶懼有外侮；捍禦外侮者，莫如親親，故以親屏周。
> 〔註35〕

此謂周人為捍禦外侮，乃基於親親的精神，大肆封建，思以親屏周，徐復觀故謂：「封建的紐帶便是宗法的親親」。〔註36〕封建與宗法的結合，構成周人強大的內聚力，至春秋時曹的負羈猶言：「文、武之功，實建諸姬，故二王之嗣，世不廢親。」〔註37〕春秋五霸的會盟精神，亦是源於此一親親意識。因此，宗法制度若破壞，即代表親親的精神衰退，王室與諸侯間的摩擦糾紛會擴大，周王朝將將步衰亂之途。

就西周的政治權力結構而言，周初大行封建，周天子是天下的共主，諸侯既接受周天子的策封，就表示其土地和權力，都源自周天子，因此，策封所含的意義是：天下的土地所有權和侯國，都隸屬於周天子，《詩經》所云：

〔註33〕參閱杜正勝，〈周代封建的建立〉，《中央研究院歷史語言研究所集刊》（以下簡稱《史語所集刊》），第五十本第三分（民國68年9月），頁489。

〔註34〕《禮記·大傳》曰：「尊祖故敬宗，敬宗故收族，收族故宗廟嚴，宗廟嚴故重社稷。」

〔註35〕《左傳·僖公二十四年》。

〔註36〕徐復觀，〈西周政治社會的結構性格問題〉，收於《兩漢思想史》，卷一（台北，台灣學生書局，民國69年3月），頁27。

〔註37〕《國語》，卷一○，晉語四。

「溥天之下莫非王土，率士之濱莫非王臣」，〔註38〕正代表此一政治理念。然而，天下莫非王土王臣的觀念，只是一個理論，實際上周天子對於諸侯的內政，大抵無法過問，諸侯的封國仍保持有相當大的獨立性；諸侯之所以能保持其獨立的地位，一方面是因為當時的政治組織，還比較鬆散，不足以支持周天子控制全國各地，另一方面是西周初期的封建，「亦包含有周王"無專享文武之功"的意思，從而使封國具有相對的獨立性。」〔註39〕因此，西周的政治權力結構，基本上含有王室與諸侯分權的特色，任何一方的權力高漲，都將產生不安的情勢。

　　西周之所以趨於衰亡，有其政治、禮制和軍事上的複雜因素，本文將循此三大脈絡，探索它的過程和原因。

〔註38〕〈小雅・板篇〉。

〔註39〕李志庭，〈西周封國的政區性質〉，《杭州大學學報》，第一一卷第三期，（1981年9月），頁49。

第二章　政治的治亂與王權發展之衝突

第一節　政治的治亂

　　周人以蕞爾小邦興起，滅「大邦殷」，其統有天下的過程相當艱辛，尤其牧野戰後，「天下未集」，〔註1〕又遭「三監之亂」，殷人、東夷如淮夷俱反，給周人帶來莫大的壓力，後來亂事雖然平定，但周人凜於天命靡常，與得天下之不易，故形成強烈的憂患意識。為穩定新建的國家，故在政治上力求謹慎，不敢有絲毫的懈怠，這種態度很明顯地表現在《尚書》各篇周初文誥中。例如在〈康誥〉和〈酒誥〉中，王告誡康叔不要耽於逸樂，要勤於治民，敬明其罰，以殷之墜命為戒；在無逸篇中，周公亦勉成王，「無淫于觀、于逸、于遊、于田，以萬民惟正之供，……無若殷王受之迷亂，酗于酒德哉！」都表現出謹慎戒懼的態度，徐復觀氏因此說：「在憂患意識躍動之下，人的信心的根據，漸由神而轉移向自己本身行為的謹慎與努力。這種謹慎與努力，在周初是表現在『敬』、『敬德』、『明德』等觀念裏面。尤其是一個敬字，實貫穿於周初人的一切生活之中。」〔註2〕在如此謹慎戒懼的態度下，西周初期的政治，有可觀的成就，《竹書紀年》和《史記》均稱「成康之際，天下安寧，刑措四十年不用。」〔註3〕雖有誇大

〔註1〕《史記‧周本紀》。

〔註2〕徐復觀，《中國人性論史》（台中，私立東海大學出版，民國52年4月），頁22。

〔註3〕《竹書紀年》之語，為《文選‧賢良詔》注所引，見方詩銘、王修齡，《古本竹書紀年輯證》（台北，華世出版社，民國72年2月。以下簡稱《輯證》），頁41。〈周本紀〉則云「四十餘年」。

之嫌，但也並非沒有一些事實爲根據。

　　成康之後的昭、穆、恭、懿、孝、夷六王，一般稱之爲西周中期。此期的文獻資料極爲缺乏，除了穆王之外，其他諸王的事蹟，往往只有隻言片語。就整個西周中期來看，王室的政事有日益衰敗之勢。

　　西周時期的制度，可能有不少是完成於昭穆時代。昭王曾設「象魏」，《今本竹書紀年》曰：「（昭王）元年庚子春正月即位，復設象魏。」〔註4〕所謂「象魏」，是懸法的地方，《國語》亦曰：

> 昔吾先王昭王、穆王、世法文、武遠績以成名，合群叟，比校民之
> 有道者，設象以爲民紀，式權以相應，此綴以度，磚本肇末，勸之
> 公賞賜，糾之以刑罰，班序顛毛，以爲民紀統。〔註5〕

學者因此認爲，昭王時復象魏之事，極可能是實情。〔註6〕《尙書‧呂刑》是穆王時的作品，誥詞中有五刑五罰之規定，而證之「師旅鼎」和「𠭯匜」，也可知西周中晚期確有刑罰之制，〔註7〕因此，西周王至穆王時代，刑法可能已經有了明文規定，《國語》曰：「昔吾先王昭王、穆王，世法文、武遠績以成名。」不提成康，而言昭穆，也顯示西周有不少制度，可能是完成於昭穆時代。

　　雖然如此，昭穆二王顯然已不太勤於政事。昭王曾經南遊，《楚辭‧天問》曰：「昭后成遊，南土爰底。厥利維何，逢彼白雉？」《史記‧周本紀》亦曰：「昭王之時，王道微缺。」穆王繼位後，曾有一番作爲，《史記‧周本紀》曰：

> 穆王即位，春秋已五十矣。王道衰微，穆王閔文武之道缺，乃命伯
> 臩申誡太僕之政，作臩命，復寧。

可見昭王之時，王道衰微，穆王繼位後，再重申政令，才使王道復寧。但是，穆王曾經周遊天下，《穆天子傳》和《竹書紀年》，都提到他四處征伐，甚至西見西王母，《竹書紀年》總結其行程曰：

> 穆王西征，還里天下，億有九萬里。穆王東征天下二億二千五百里，

〔註4〕　見《輯證》，頁244。

〔註5〕　《國語》，卷六，〈齊語〉。

〔註6〕　葉達雄，〈西周昭穆懿孝夷時代的內政措施與對外關係〉，收於氏著《西周政治史研究》（台北，明文書局，民國71年），頁67。

〔註7〕　「師旅鼎」銘文記師旅的眾僕不從王出征，被告至伯懋父處，而罰三百鋝（見郭氏，《兩周金文辭大系考釋》，二六葉，台北，大通書局），「師旅鼎」是康昭時器。「𠭯匜」銘文的內容，記載牧牛和他的上司打官司，輸于訴訟，按照罪行應該鞭打一千下，並處以墨刑，經過特赦，改判爲鞭打五百，罰銅三百鋝。（見李學勤，〈岐山董家村訓匜考釋〉。）

西征億有九萬里，南征億有七百三里，北征二億里。〔註8〕

他的行踪遍及天下，雖事涉玄虛，但亦當有所本。《楚辭·天問》所謂：「穆王巧挴，夫何爲周流？環理天下，夫何索求？」即在質問穆王周遊天下，到底想索求什麼？看來穆王之「環理天下」，可能帶點遊樂性質。《左傳》曰：

昔穆王欲肆其心，周行天下，將皆必有車轍馬跡焉。祭公謀父作【祈招】之詩，以止王心，王是以獲沒於祗宮也。〔註9〕

或許即指環理天下之事。

穆王伐犬戎，是不慎其政的表現。《國語》載穆王將征犬戎，祭公謀父諫之，王不聽，遂征之，得四白狼，四白鹿以歸，自是荒服者不至。〔註10〕從昭王之南遊，以至穆王的環理天下和伐犬戎，都顯示昭、穆二王，在政事上已不復謹慎戒懼，而有「欲肆其心」的傾向，故昭王時王道衰微，穆王時荒服不朝，王室的政事已開始走向下坡。

恭、懿、孝、夷四王，像是西周歷史的中斷期，文獻上關於此一時期的記載，特別缺乏。此一時期的周人，似已失去發揚蹈厲的勇武精神，周初文武周公所一再耳提面命的勤政愛民思想，已逐漸被淡忘，恭王時的「牧簋」銘文曰：

佳王七年十又三月旣生霸甲寅，……王乎（呼）內史吳冊令牧。王若曰：「牧，�昔（昔）先王旣令女（汝）乍嗣土。今余唯或（又）饂改令女（汝）辟百寮。有叵事包（苞），迺多𤔲（亂），不用先王乍井（型），亦多虐庶民。乑（厥）嘆（訊）、庶右、䜌，不井不中。……

〔註11〕

銘中之王以明刑爲命，郭氏遂謂恭王殆亦周室之賢主也，〔註12〕然而，即位七年，猶見百官懈怠，多虐庶民，可知庶政已廢弛矣。

懿王之時，王室已步入衰途，《史記·周本紀》曰：「懿王之時，王室遂衰，詩人作刺。」《今本竹書紀年》曰：

懿王之世，興起無節，號令不時，挈壺氏不能共其職，於是諸侯攜德。〔註13〕

〔註8〕　《穆天子傳》註所引，和《開元經》，卷四所引，見《輯證》，頁52。

〔註9〕　《左傳·昭公》十二年。

〔註10〕　《國語》，卷一，〈周語〉上。

〔註11〕　郭氏，《兩周金文辭大系考釋》（以下簡稱《大系考釋》），頁76。

〔註12〕　《大系考釋》，頁76。

〔註13〕　《輯證》，頁249。

乃謂懿王任用非人，致諸侯離德，但此條不知出自何處。懿王之後的孝、夷二世，似曾發生傳位糾紛，孝王為恭王弟，非懿王子，卻能以王叔的身份繼位為王，誠為西周王位繼承之一大變例。而孝王崩後，「諸侯復立懿王太子燮，是為夷王」，〔註14〕王位又重回懿王一系；因此，孝夷之時似乎曾經歷一段傳位糾紛，可能涉及貴族或諸侯的權力鬥爭。〔註15〕夷王時，王室衰微，《史記‧楚世家》曰：

> 當周夷王之時，王室微，諸侯或不朝，相伐。

顯然當時王室的威望相當低落。諸侯不朝，可能有許多因素，但王室積弱不振，大概是重要的原因之一。由以上所述，可以發現恭、懿、孝、夷時期的政治，已不上軌道。

夷王之後，西周歷史進入晚期，周王朝自此步入衰亂之途。西周晚期包括厲、宣、幽三世，厲宣之間，還有十四年的共和時代。此一時期的政治特色是王權高漲，所以周天子較專斷自為，這使封建體制之下的西周王室與諸侯之間，易於加深裂痕，而使政治敗壞。例如厲王專斷自為，寵用好利的榮夷公，以致使諸侯不來獻；又以高壓政策，禁止國人謗王，最後終於被驅逐到彘，幾乎使國脈中絕。宣王即位之初，頗有一番中興氣象，但晚年又流於專斷，他干涉魯國繼承制度，不行籍田之禮，料民太原，枉殺杜伯，使亂象再顯。幽王則是昏闇之君，不理朝政，政事亂成一片，最後因廢太子，引起申、繒和西戎的聯合入侵而亡國。

周道衰亂自厲王始，《禮記‧禮運篇》載孔子之言曰：「我觀周道，幽厲傷之。」《國語》亦載周靈王太子晉之言曰：

> 自后稷以來寧亂，及文、武、成、康而僅克安民。自后稷之始基靖
> 民，十五王而文始平之，十八王而康克安之，其難也如是。厲始革
> 典，十四王矣。〔註16〕

「厲始革典」，韋昭注曰：「厲王無道，變更周法。」所謂「變更周法」，見諸

〔註14〕《史記‧周本紀》。

〔註15〕葉達雄先生即謂：「恭王時代一面加緊禮制，另一方面卻是大臣用事，故而周王與大臣，大臣與大臣之間逐漸產生離心現象，所以到恭王之後，懿王即位，這時侯有一派就擁護孝王，勢力逐漸強大，到懿王之後，孝王便取代了王位，而使周傳子的制度中斷一時。到了孝王之後，夷王即位才又恢復。此後夷王的烹齊哀公，我想與此有關係。」見〈西周昭穆恭懿孝夷的時代的內政措施與對外關係〉，頁85～86。

〔註16〕《國語》，卷三，〈周語〉下。

載籍者只有二事，一爲寵用榮夷公，二爲以高壓政策止國人謗王，《國語》載其事頗詳：

> 厲王說榮夷公，芮良夫曰：「王室其將卑乎！夫榮公好專利而不知大難。……榮公若用，周必敗。」旣，榮公爲卿士，諸侯不享，王流于彘。〔註17〕

所謂「專利」，韋昭注曰：「專百物也。」厲王任用好利的榮夷公爲卿士，可能侵害到了諸侯的利益，才使諸侯不來獻。此禁止國人謗王方面，《國語》曰：

> 厲王虐，國人謗王。邵公告曰：「民不堪命矣！」王怒，得衛巫，使監謗者，以告，則殺之。國人莫敢言，道路以目。王喜，告邵公曰：「吾能弭謗矣，乃不敢言。」邵公曰：「是障之也。防民之口，甚於防川。……夫民慮之於心而宣之於口，成而行之，胡可壅也？若壅其口，其與能幾何？」王不聽，於是國莫敢出言，三年，乃流王於彘。〔註18〕

《史記·周本紀》之記載與此雷同，最後則言：「於是國莫敢出言，三年，乃相與畔，襲厲王。厲王出奔於彘。」是則厲王以高壓政策禁止國人謗王，終被驅逐出京，逃亡至彘，彘的地望在今山西霍縣東北。〔註19〕關於此次的政變，「𤼈盨」銘文曰：

> （上缺）又（有）進退；雩邦人正人師氏人又（有）辠又故（辜），迺騂倗即女（汝），迺縣宕，卑（俾）復虐逐氒君氒師，迺乍余一人咎。」〔註20〕

可知參與事變者，有國人，政府官員和軍隊；政變的結果是「虐逐氒君氒師」，說明厲王不是隻身流亡，還帶去一支殘敗的武裝。〔註21〕

厲王之無道，亦可從「毛公鼎」銘文窺出端倪。「毛公鼎」銘文雖是王黽勉毛公之語，但也隱括一些前王之愆，如以下一段：

> 王曰「父厝，雩之，庶出入事于外專（敷）命專政，埶（藝）小大楚賦，無唯正郬（昏），弘其唯王智，迺唯是喪我或（國）。麻自今，出入專命于外，氒非先告父厝，父厝舍命：母（毋）又（有）敢惷

〔註17〕 《國語》，卷一，〈周語〉上。

〔註18〕 《國語》，卷一，〈周語〉上。

〔註19〕 錢穆，《史記地名考》（台北，三民書局，民國72年3月），頁208。

〔註20〕 《大系考釋》，頁141。

〔註21〕 參閱何幼琦，〈西周四世軼史初探〉，《江漢考古》，1983年第二期，頁58。

專命于外。」〔註22〕

似云前王時代，大小之事，一唯王意是從，有鑑於此一失政，故王曰自今以後，王命須由毛公同意，方得頒布，〔註23〕可見厲王是專擅自為之君，又如以下一段：

> 王曰「……女（汝）雕（推）于政，勿雝（壅）遾（律）庶民，賞，母（毋）敢龏寡，々々迺夋（侮）鰥寡，蕭效乃友正，母（毋）敢湏（泃）于酉（酒）。」（「毛公鼎」）

乃誡毛公推行政事，勾壅累庶民，征歛勿得中飽以魚肉鰥寡，僚屬應嚴加管束，勿使沈酗于酒，均針對厲王往事而言，〔註24〕意在訓勉毛公勿重蹈覆轍。

厲王出居於彘，過了十四年才去世，這一段期間王位虛懸，由諸侯公卿代攝行政，號曰「共和」。何謂「共和」？由於史記和先秦文獻的記載不同，學者因之爭辯不決，此一問題留待下一節討論。共和時代，王位虛懸，情況大概很混亂，因此「諸侯多畔周」。〔註25〕

共和十四年，厲王死於彘，太子靜被立為王，是為宣王。宣王即位之初，頗有一番作為，他命毛公總司政事，以正四方，「毛公鼎」銘文曰：

> （上略）王曰「父厝，□余唯肇坙先王命，々女辭我邦我家內外，憃于小大政，嚲朕位。虩許上下若否雩三方，以母童余一人才立，弘唯乃智。余非蕇又斠，女母敢妄寍，虔夙夕叀我一人，讋我邦小大猷，母折威，告余先王若德，用印邵皇天，繇圅大命，康能三或，俗我乍先王覍。」王曰「父厝，雩之，庶出入事于外專命專政，紤小大楚賦，無唯正斠，弘其唯王智，迺唯是壺我或。厤自今，出入專命于外，氒非先告父厝，父厝舍命：母又敢憃專命于外。」王曰；「父厝，今余唯繇先王命，々女亟一方，圅我邦我家。女雕于政，勿雝遾庶民，賞，母敢龏寡，々々迺夋鰥寡，蕭效乃友正，母敢湏（泃）于酉。……」王曰「父厝，已曰級絲卿事寮大史寮于父即尹，命女蠚辭公族雩參有嗣，小子師氏虎臣雩朕褻事，呂乃族干吾身。……」（下略）〔註26〕

〔註22〕《大系考釋》，頁135。
〔註23〕《大系考釋》，頁138。
〔註24〕《大系考釋》，頁138。
〔註25〕《史記·管蔡世家》。
〔註26〕《大系考釋》，頁135。

通觀全篇銘文，嚴整蕭穆，以天命爲念，不憚其煩地勉毛公勤於政事，勿遺庶民，儼然有周初之風，尤其命毛公總司內外，督率百官，賦予極大之權力，顯見亟卻求治的魄力。宣王勵精圖治的表現亦見於「𪅂盨」，銘文曰：

> 王曰「𪅂，敬明乃心，用辟我一人，龏效乃友内辟，勿奬賦虐從獄。
>
> 受𪅂散行道，㞢非正命，迺敢庚嗌人，剮隹輔天降喪，不廷，唯死。
>
> （下略）

「師訇簋」銘文亦曰：

> （上略）今余隹䶼臺乃令，々女䶼臺我邦小大猶，邦居潢辭，敬朙
>
> 乃心，䛆呂乃友干吾身，谷女弗呂乃辟圅于戁。（下略）〔註27〕

宣王如此留心政事，乃重建王室的權威，《史記》曰：「宣王即位，二相輔之，脩政，法文、武、成、康之遺風，諸侯復宗周。」（〈周本紀〉）

宣王勵精圖治，使諸侯復宗周，又南征徐方，北伐玁狁，文治武功俱足稱述，史稱「宣王中興」。然宣王晚年，措施多有不當，王室威嚴再度受損，國事漸走下坡。宣王三十二年春，宣王伐魯，其事肇因於魯武公攜其子括與戲來朝，戲非嫡子，宣王愛之，立戲爲太子，違背了繼承法則；戲後繼位爲懿公，懿公九年，括之子伯御與魯人攻殺懿公，立伯御爲君；伯御即位十一年，宣王伐魯，殺了伯御，立孝公爲魯侯。〔註28〕綜觀此一事件，宣王完全是以王室的權威干涉魯國的繼承制度，此一作法引起了諸侯的不滿，故《國語》曰：「諸侯從是而不睦」（〈周語〉上），〈周本紀〉亦曰：「自是後，諸侯多畔王命。」可以想見此一事件已對王室的權威造成莫大的傷害。

不行籍田之禮，是宣王破壞周法之處，《國語》載：

> 宣王即位，不籍千畝。虢文公諫曰：「不可。……」王不聽。三十九
>
> 年，戰于千畝，王師敗績于姜氏之戎。（〈周語〉上）

「籍」，有「耕」或「借」之義，據學者研究，籍本是躬親耕作之義，以後變成「借民力治之」之義，虢文公所言籍禮之儀式，是貴族用行"禮"的方式，在"籍田"上監督"庶人"進行農業勞動。〔註29〕因此，我們可以了解，不論在農事上，或對貴族而言，籍禮都是一項重要的禮節，有其重大的象徵意

〔註27〕《大系考釋》，頁140。
〔註28〕事見《國語》，卷一，〈周語〉上和《史記・周本紀》。
〔註29〕楊寬，〈籍禮新探〉，收於《古史新探》（北京，中華書局，1965年10月），頁218～233。

義，宣王不親行籍禮，顯有慢政之心，而其影響所及，可能也會使貴族疏於
“勸農”，因此〈周語〉在此事之下，緊接著載：「三十九年，戰于千畝，王
師敗績于姜氏之戎。」似將千畝之敗，歸咎於宣王之不籍千畝，但〈周語〉
又云：「宣王即位，不籍千畝」，似言宣王即位後，即不行籍田之禮，依理而
言，宣王即位之初，勵精圖治，不應如此慢政才是，〈周本紀〉即無「即位」
二字，此事如果歸之於宣王晚年或較允當。

　　宣王「料民」之舉，亦被視為一項窳政，據〈周語〉上載，宣王既喪南國
之師，乃料民於太原，仲山父諫之，王不聽，卒料之。所謂「料」，韋注：「數
也」，亦即調查戶口之意，貝塚茂樹認為，料民於太原乃為新兵之徵召，作了一
次戶口調查，擬將人民置於王之直接控制下，是一種中央極權的姿態。〔註30〕
然觀仲山父之諫語，宣王並無置人民於直接控制之意，仲山父所謂：「不謂其少
而大料之，是示少而惡事也。臨政示少，諸侯避之。」方是諫阻之真義；蓋新
敗之餘，宣王卻徵兵以充實軍力，仲山父認為此舉將示弱於天下，使諸侯畏卻
不前，乃諫阻之。自來論料民之非者，皆從擾民、集權的角度著眼，實非的論，
若必欲論其非，毋寧言宣王不肯服輸，為充實兵源，不惜破壞常規，甚至無視
於暴露王室的弱點，示弱於天下，而強行調查戶口。

　　宣王的另一項不當措施，是殺杜伯。周惠王時的內史過曾言：「周之興也，
鸑鷟鳴於岐山；其衰也，杜伯射王於鄗。」〔註31〕杜伯何以射王？韋注引《周
春秋》曰：

　　宣王殺杜伯而不辜，後三年，宣王會諸侯田于圃，日中，杜伯起於
　　道左，衣朱衣，冠朱冠，操朱弓、朱矢射宣王，中心折脊而死也。

事涉鬼怪，不足深信，但杜伯為宣王所枉殺，大概確有其事，《墨子‧明鬼篇》
曰：「周宣王殺其臣杜伯而不辜。」國語亦載譬祐之言曰：「昔隰叔子違周難
於晉國，生子輿為理。」韋注曰：「隰叔，杜伯之子。違，避也。宣王殺杜伯，
隰叔避害適晉。」宣王何以殺杜伯，其影響又如何，典籍無徵，但內史過既
言周之衰與此有關，想必影響不小。

　　綜合宣王時代的史料來看，宣王即位之初，頗留心政事，有一番作為，
再度重振了王道，此時之文治武功，俱有可稱述者，史稱「宣王中興」。然晚

〔註30〕貝塚茂樹，《中國的曙光》，頁140，轉參考自葉達雄〈西周厲、幽、宣時代的
　　　　內政措施與對外關係〉，收於《西周政治史研究》，頁120～121。
〔註31〕《國語》，卷一，〈周語上〉。

年措施多有不當，不籍千畝，顯有慢政之心；料民太原，乃不恤國力；伐魯殺杜伯，則使諸侯離心，這些現象顯示，宣王晚年王室多事，亂象已現端倪。

　　幽王是位昏闇之君，他使王室的亂象愈趨惡化，赫赫宗周在他手中僅十一年即告覆滅。根據《史記》所載，幽王即位後的第一件亂政，是任虢石父為卿士，〈周本紀〉曰：

> 幽王以虢石父為卿，用事，國人皆怨。石公為人佞巧，善諛好利，王用之。

說明虢石父之被任用為卿士，乃因「為人佞巧，善諛好利」，以這樣的人來執掌國政，當然只有使政事更加惡化，而幽王喜歡這種性格的人，也說明他並不是一位能夠明察善惡的賢君。

　　寵愛褒姒，廢太子宜臼之舉，最足以暴露幽王之昏闇。關於幽王廢太子，而卒使西周覆亡的經過，史蘇有簡明扼要的敘述，其言曰：

> 周幽王伐有褒，褒人以褒姒女焉，褒姒有寵，生伯服，於是乎與虢石甫比，逐太子宜臼，而立伯服，太子出奔申，申人、鄭人召西戎以伐周，周於是乎亡。〔註32〕

太子的外祖父是強藩申侯，申國與西戎關係良好，保周之西陲，地位很重要，孝王時欲改變秦的繼嗣人選，因申侯的反對而作罷，〔註33〕可見申的實力不容忽視；幽王時，北方的外患非常嚴重，正需申侯鼎助，他卻因褒姒而廢太子，並伐申國，全然不顧大局，致申侯與西戎聯合伐周，可謂昏闇已極。

　　幽王的昏闇，也可從《詩經》中窺見，根據詩經的資料顯示，幽王幾乎是不理政事，政權被群小把持，〈小雅‧十月之交〉曰：

> 十月之交，朔月辛卯，日有食之，亦孔之醜。彼月而微，此日而微。……四國無政，不用其良。……皇父卿士，番維司徒，家伯維宰，仲允膳夫，棸子內史，蹶維趣馬，楀維師氏，豔妻煽方處。……皇父孔聖，作都于向，擇三有事，亶侯多藏。不憖遺一老，俾守我王。擇有車馬，以居徂向。

這首詩的年代，據推算是在幽王六年。〔註34〕據《詩經》之言，政治上有皇

〔註32〕《國語》，卷七，〈晉語上〉。
〔註33〕事見《史記‧秦本紀》。
〔註34〕十月朔有日食，據阮元、閻若璩之曆算，定在幽王六年，國外學者亦推算出西元前776年8月有月食，9月有日食，相當於幽王六年周正之九月和十月，恰符合「彼月而微，此日而微」之語（轉參考自李辰冬，《詩經通釋》下冊，

父、番、家伯、仲允、聚子、蹶、楀等人用事，皇父甚至作都於向，〔註35〕盡遷舊臣而去，自擇三有司，儼然另成立一個小朝廷。〈小雅・雨無正〉也透露出幽王晚年朝政混亂的情況，詩曰：

> 周宗既滅，靡所止戾。正大夫離居，莫知我勩。三事大夫，莫肯夙
> 夜。邦君諸侯，莫肯朝夕。……凡百君子，莫肯用訊；聽言則答，
> 譖言則退。……維曰予仕，孔棘且殆。云不可使，得罪于天子；亦
> 云可使，怨及朋友。謂爾遷于王都，曰：「予未有室家」。……昔爾
> 出居，誰從作爾室。

此詩乃怨己受冤曲，兼及朝政，作詩之人似與皇父相熟，詩中提及遷都之事，則此詩當作於幽王六年之後。「周宗既滅」一語，屈萬里氏解釋爲：「蓋指幽王被殺也」。〔註36〕此一解釋，似值商榷，因細讀詩文，天降饑饉，政事紊亂，詩人冤曲不得伸，竟質問起皇父來，景況頗類似皇父遷都後的政局，且詩文尚見四國之志，無遷徙退避之跡。故「周宗既滅」之語，應當解釋爲宗周都快要滅亡了，而非宗周已經滅亡。〔註37〕由詩文所見，長官大夫都離散了，三事大夫不勤於政事，連諸侯也不朝暮省王，王事至此已不堪聞問。

　　幽王在位的十一年，天災人禍接踵而至。幽王二年，西周三川皆震，三川竭，岐山崩；〔註38〕三年，伯士伐六濟之戎，主將軍敗而死；〔註39〕六年，發生日月食，「百川沸騰，山冢崒崩，高岸爲谷，深谷爲陵。」〔註40〕皇父且在向成立小朝廷；晚年，又天降饑饉，且廢太子宜臼，引起強權申侯的不滿。如此，不論在政治、社會或軍事上，都充斥著一片動盪不安的景象，無怪乎同出厲王的近親鄭桓公，亦思退避之策。〔註41〕幽王十一年，申、繒聯合西戎攻陷鎬京，幽王被追殺於驪山下，赫赫宗周終於在平王的倉惶東遷中宣告

頁 1094～1096。台北，水牛出版社，民國 61 年 8 月）。
〔註35〕向的地望，《水經注》於濟水引闞駰《十三志》云：「軹縣南山西曲，有故向城，即周向國也。」軹縣，即今河南省濟源縣的軹城。
〔註36〕屈萬里，《詩經釋義》（台北，中國文化大學出版部，民國 69 年），頁 254。
〔註37〕陳啓源亦認爲古人稍見亡徵，即極口言之，如《尚書・西伯戡黎篇》，祖乙曰：「天既訖我殷命」，事實上殷尚未亡國，其意乃指即將亡國；因此，詩經中一些言喪亂、辛斬、大戾和既滅之詩篇，不必一定認爲是東遷後的作品，參見氏著《毛詩稽古篇》（收於《皇清經解》第二冊，卷七二）。
〔註38〕見《史記・周本紀》。
〔註39〕《後漢書・西羌傳》注所引，見《輯證》，頁 58。
〔註40〕《詩經・小雅・十月之交》。
〔註41〕事見《國語》，卷一六，〈鄭語〉。

滅亡。從本節的討論可以看出，西周自中期以後，政事即日益走下坡，宣王之時，一度重振王道，但晚年又有不勤政事的跡象。儘管如此，王室政治之急遽腐敗惡化，則發生於幽王時代。因此，從政治方面來看，西周之衰，始自中期；而西周之亡，幽王實為關鍵。

第二節　西周王權發展之衝突

關於西周的政治型態，美國學者顧立雅（H. G. Creel），在其《中國政術之起源》（The Origins of Statecraft in China）一書中認為，西周是一個帝國，而非鬆散的封建城邦，其所持理由大抵為：蠻族的入侵皆由王軍反擊、王軍駐紮或巡行戰略要地或道路、王室有統一的財政和刑法、王對諸侯和大臣有懲罰和任免權等。〔註 42〕這些理由，固未嘗不能表示其一面之事實，若從西周整個歷史過程加以考慮，卻不無值得商榷之處，因為從各種跡象顯示，西周自中葉以降，王室與貴族、諸侯之間，時常發生權力衝突，彼此相互激盪，時而王權高張，時而貴族、諸侯的勢力壓過了王權，例如，夷王曾下堂見諸侯。〔註 43〕因此，所謂帝國集權的型態，實尚未出現。

西周是個封建王朝，周天子為天下的共主，理論上「溥天之下莫非王土，率土之濱莫非王臣」，實際上周天子對於諸侯的內政，大抵無法過問，而且在王政方面，輔政者都是貴族，王權的行使，還要受到貴族的限制，因此，王權並非高高在上。西周政治權力的結構，頗帶有王室與諸侯分權的特色，任何一方的權力伸張，都易導致不安的情勢。成康時代，政局趨於穩定，主要原因是天下初定，王室對施政抱持謹慎戒懼的態度，能使諸侯歸心；而且封國勢力未固，亦亟需王室的支援，以鞏固政權，抗拒夷狄的威脅。尤其是抗拒夷狄的威脅這一點特別重要，顧立雅曾指出：由金文或《詩經》顯示，反擊外族之入侵者，都是王軍，而非地方諸侯的軍隊，〔註 44〕除了少數銘文「臣諫簋」等外，顧立雅的觀察大致上是正確的；此一現象反映出，西周時期，地方諸侯根本難以抵禦外族的入侵，它們亟需王室的保護，才能在夷狄環伺的威脅下生存下去。而周王室之所以能捍衛中原諸國，主要是因為擁有三支

〔註 42〕 H. G. Creel, *The Origins of statecraft in China*, 1970（台北，虹橋書店，民國 64 年 4 月），Preface P.2，P.100。

〔註 43〕 見《禮記・郊特牲》。

〔註 44〕 H. G. Creel, op. cit, P.52。

強大的武力——西六師、殷八師和成周六師，而且必要時，周天子還得以征調諸侯的軍隊，共同平服外患。

自中期以降，王室與貴族諸族開始發生衝突，究其原因主要爲：王室武力的衰弱、王權意識的昇高、和貴族諸侯勢力的逐漸強大。西周王室武力的衰退，始自中期，昭王第二次南征，喪六師於漢，〔註45〕穆王環理天下，都可能要損耗不少國力；恭、懿、孝三世，尚未發現與外族交戰的記錄，所以不知王室的武力如何，但當時的政治不上軌道，王軍的戰鬥力，可能也會隨著減退。而最足以說明王室武力衰退的，是夷王時期的「禹鼎」銘文，鼎銘記淮夷反，王命殷八師和西六師進伐鄂國，王師畏卻不前，須藉武公之力以破敵，〔註46〕可見當時王軍的武力相當衰弱，不足以擔當重任。隨著王室武力的衰退，以及政治的不上軌道，恭、懿、孝、夷時期，王室的權威趨於低落，懿王時諸侯離心，王室開始步入衰途，夷王甚至下堂見諸侯。夷王之所以堂見諸侯，可能與其繼位有關；據上節所述，夷王可能是經過了一場宮廷鬥爭才登上王位，因此，他對有功的貴族和諸侯，應會加以禮遇，《禮記‧郊特牲》所云：「觀禮，天子不下堂而見諸侯。下堂而見諸侯，天子之失禮也，由夷王以下。」可能是夷王對諸侯不得不自貶身價的表示，《左傳》曰：「至于夷王，王愆于厥身，諸侯莫不並走其望，以祈王身。」〔註47〕顯示諸侯對夷王的健康情形相當關切，這可能是夷王對諸侯相當寬容，所以諸侯不希望夷王就此病逝。從以上兩條資料來看，夷王對諸侯似乎相當優禮，此時王權應會受到某些壓抑，《史記‧楚世家》謂：「當周夷王之時，王室微，諸侯或不朝，相伐。」也顯示王室權威低落。

夷王時，王室的權威雖然低落，但夷王似乎有心重振王威，他曾伐太原之戎，也烹殺齊哀公。《竹書紀年》曰：

> 夷王衰弱，荒服不朝，乃命虢公率六師，伐太原之戎，至于俞泉，
> 獲馬千匹。〔註48〕

顯然夷王時雖然王室衰弱，但他無法忍受荒服不來朝，而出兵伐太原之戎，這是夷王想重振王威的表現。烹齊哀公之事，則見於《竹書紀年》和《史記》，《紀年》曰：

〔註45〕《初學記》，卷七，〈地部下〉所引，見《輯證》，頁42～44。
〔註46〕徐中舒，〈禹鼎的年代及其相關問題〉，《考古學報》，1959年第三期，頁53。
〔註47〕《左傳‧昭公二十六年》王子朝語。
〔註48〕《後漢書‧西羌傳》注所引，見《輯證》，頁54。

　　（夷王）三年，致諸侯，烹齊哀公于鼎。〔註49〕

《史記・齊世家》亦曰：

　　　哀公時，紀侯譖之周，周烹哀公，而立其弟靜，是爲胡公。

紀侯譖哀公的詳情爲何，不得而知，但夷王烹齊哀公是非常的舉動，因爲夷王對諸侯相當優容，絕不會無故擅殺諸侯，夷王此舉可能是基於立威的緣故，而且他殺了哀公之後，改立其弟爲胡公，也表現出獨斷的作風，結果使齊國發生一連串的繼位糾紛。〔註50〕從這兩件事看來，夷王時王室的權威雖然低落，但夷王仍有心重振王室的聲威。不過，夷王所採行的方式，不是法文、武之風，勤政愛民，卻是以武力的壓迫爲手段，此點顯示增強王權的意識，已在逐漸增高之中。所謂王權意識，是指周天子對其權力程度的認定，夷王欲以武力來重振王威，表示他心中認爲王權是高高在上的，若有人不敬王威，即須施以武力撻伐；厲、宣時期，王權相當的高張，此一現象應有其產生的淵源，夷王時期王權意識的提高，正可視爲其發展的先聲。

　　西周自中期以降，貴族諸侯的勢力逐漸強大。恭王時期有五大臣之掌理政事。五大臣出現於「衛盉」和「五祀衛鼎」，「衛盉」記載矩伯與裘衛進行土地交易時，由伯邑父、榮伯、定伯、琼伯和伯五大臣監督，「五祀衛鼎」記載衛與厲發生土地糾紛，由井伯、伯邑父、定伯、琼伯和伯俗父五位大臣仲裁，這五大臣之用事，似乎意味著貴族勢力高漲，因而支配王政；此外，西周中期的金文，開始出現「右者」，引導受封賜者謁王，似乎也表示王權已受到節制。貝塚茂樹因此綜合以上兩種現象而謂：「在周王朝宗廟所舉行的典禮，身爲司祭者的王，其宗教權力被有力的貴族限制住；在實際的行政方面，如重要的土地所有權的移轉，其承認權已天子脫離，而實質地歸於有力貴族集團的手中。」〔註51〕貝塚氏的這項論點頗值得商榷，就西周中期冊命金文的形式所見，自王的即位，右者引受封賜者入見，接著宣讀冊命內容，到受封賜者稽首對拜王休，整個儀式隆重肅穆，反映出王威的莊嚴。再就土地的轉移問題而言，西周時期的土地，並非不可交易買賣，當貴族交易土地時，常有重要大臣蒞臨監督，此表明封建時代土地所有權的易主是一件大事，須有重要大臣監督作證，以免發生糾紛，而且據「衛盉」和「五祀衛鼎」所記，田地要讓渡時，五大臣還命三有司進行

〔註49〕《史記・周本紀》正義所引，見《輯證》，頁53。

〔註50〕事見《史記・齊世家》。

〔註51〕貝塚茂樹，《中國古代再發現》（東京，岩波書店，1981年11月），頁192。

勘查，顯示田地的讓渡尚需經過一定的程序，並非五大臣私下同意即可。（詳參第三章第二節的討論）

根據以上的討論，可見右者的出現，適反應天子的威嚴已內化入儀式之中，它代表天子地位和王權意識的提高；而五大臣的監督田地讓渡，則反映王室的行政有一套程序，二者分別是王權高揚和行政組織化的象徵，若將其視爲貴族勢力的高漲，顯有不妥。當然，這也並非反對西周中期貴族諸侯勢力高漲的看法，夷王時武公以一地方諸侯，能支援王軍破淮夷，可見諸侯的勢力已相當強大。再看厲王奔彘，共和行政，可知那時貴族諸侯的勢力，已大至足以左右王位。而歷史的發展往往是漸進的，貴族諸侯勢力的發展也有其漸進的過程，從金文裏，我們可以找出不少世家大族，他們當然也都擁有根深蒂固的勢力，只是根據現存史料，我們還看不出其勢力高漲至何種程度。無疑地，西周中期是一個王權低落的時代，諸侯常不來朝，夷王甚至還下堂見諸侯；雖然如此，夷王時王權意識已有提高的跡象，而貴族諸侯的勢力，也已逐漸強大，雖然此期雙方尚未出現明顯的摩擦，但發展至西周晚期，劇烈的衝突終於難以避免。

西周晚期是王權與貴族諸侯勢力衝突激烈的時期，厲王暴虐無道，被逐至彘，共和行焉，代表著貴族諸侯的勢力壓過王權。關於厲王的暴虐事跡，如史載有寵用榮夷公而行專利，以高壓政策禁止國人謗王、和專制朝政等項，尤其專制朝政一點頗值得注意。蓋王室的行政，都是由貴族來輔佐，王權的行使必會受貴族勢力的限制，厲王之專斷朝政，無疑侵逼了貴族的權力，必使貴族心生不滿，再加上「專利」，當令貴族更難以忍受。因此，在參與驅逐厲王出京的人員中，除了受害的國人外，代表貴族方面的官員和軍隊，也扮演了重要的角色。就常理而言，王權與王室的實力應成正比，換言之，王權愈高漲，即代表王室的實力愈強，如此王權的行使才有憑藉。然而，就金文資料所見，自夷王時期起，王軍的武力已趨廢弛，淮夷來犯，王軍畏卻不前，須藉武公之力以破敵。厲王時代，雖曾平服淮夷的反叛，但對玁狁的戰爭，則不盡順利，戎患且侵及京畿地區，〔註52〕可見王軍的武力也不強盛。

在王室武力不強的背景下，厲王時期的王權何以如此高漲？此種現象只有一個原因可以解釋，即王權意識的急遽昇高，也就是周天子愈來愈傾向擴張王權。王權意識何以一直不斷的提高？此須從王權的結構來加以分析。關

〔註52〕參見第五章第一節。

於周代王權的結構問題，日本學者豐田久指出：周王朝的成立，在成康時代，是基於文王的「膺受天命」與武王的「匍有四方」，前者為承受神秘的天命，王是「上下」祭祀的主體，後者為迨受萬邦，王擁有現實的政治權力，而文武的後繼者，因血統世襲的緣故，也都繼承了這兩種權力。〔註53〕周天子既擁有祭祀權與政治權，稱得上是威臨天下，但在憂患意識的影響下，西周初期的王權並沒有擴張，倒是中期以後，在國基穩固，憂患意識消除的情況下，天子高高在上的意識不斷增強。我們從金文的冊命儀式，夷王的作為，都可以察覺這一脈發展的趨勢，而厲王的時代背景及其行徑，也說明了王權意識已逐漸達到了一個高峰。

　　儘管如此，封建時代的王權不比君主時代的君權，封建時代的王權尚受貴族諸侯的約束，厲王既無德無道，已逾越封建天子的份際，又無強大的王軍以資憑藉，因此，在國人和貴族聯黜發動政變後，只好率領殘軍出奔至彘，這是王權發展的一大挫折，也是貴族勢力強大的一個證明。而厲王奔彘以後，共和行焉，也足以說明貴族諸侯的勢力已高漲至足以代攝王政，只是無法取而代之而已。

　　關於共和之真相，典籍記載互異，《史記‧周本紀》曰：「召公、周公二相行政，號曰『共和』。」《左傳》曰：「諸侯釋位，以間王政。」〔註54〕《竹書紀年》則曰：「共伯和干王位。」又曰：「共伯名和。」〔註55〕學者因之聚訟紛紜，莫衷一是。關於共伯和的事蹟，先秦子書多有記載，《莊子‧讓王篇》曰：「共伯得乎共首」，《史記‧周本紀》正義引魯連子曰：

> 共伯名和，修其行，好賢人，諸侯皆以為賢。周厲王之難，天子曠絕，諸侯皆請以為天子，共伯不聽，即干王位。

《呂氏春秋‧開春篇》亦曰：

> 共伯和修其行，好賢仁，而海內皆以來為稽矣。周厲之難，天子曠絕，而天下皆來謂矣。

根據這些記載，共伯和干王位之說，當有其事實根據，而王子朝是王室之人，他稱諸侯間王政，自非虛語，但太史公摒棄這些資料不用，獨稱周召二公主

〔註53〕豐田久，〈周王朝の君王權の構造について〉，《東洋文化》第59期（1979年3月），頁197〜261。

〔註54〕《左傳‧昭公二十六年》王子朝語。

〔註55〕《晉書‧束晳傳》，《史記‧周本紀》索引、《莊子‧讓王》釋文和《史通‧雜說上》所引，見《輯證》，頁55〜56。

政，也當有其依據才是，張以仁氏因此調停諸侯說，而曰：

> 厲王出奔，中樞無主，此何等大事，國朝上下，當必有番論爭紛擾，
> 可以想知。當時周德未衰，外多屏藩而內有耆老，同姓諸侯，事關
> 宗脈，決無袖手旁觀聽任存滅而不稍過問者，遠宗近祧，或有異謀，
> 而朝中重臣，當亦不能默爾無言任其發展。而厲王逐後之潛力，與
> 個諸侯間君臣情誼之深淺，亦有未可臆知者，其間各派勢力，此激
> 彼盪，如何安頓協調，不免要費一番心血。周、召二相，蓋在朝公
> 卿之首領，共伯，則周同姓外藩諸侯之代表也。篡位奪權之圖，或
> 在各派勢力均衡之下消弭，最後協議，則諸侯公卿，更番王政，或
> 各司與職，共謀國是以觀厲王之轉變更待宣王之成長也。此即所以
> 號稱『共和』者乎！由此觀之，本紀所書，竹書所記，左傳王子朝
> 所述，雖僅各得一事之一面而非全象，固皆事實也。〔註56〕

張氏之說出入諸家之間，頗合情理，然其間尚有可議者。厲宣時期，金文中
出現一位伯龢父，又稱師龢父，郭某斷其為共伯和，〔註57〕他勢尊權大，頗
有天子的架勢，「師毀簋」銘文曰：

> 佳王元秊正月初吉丁亥，自龢父若曰「師毀，乃且（祖）考又（有）
> 爵于我家，女（汝）有（又）佳（雖）小子，余令女（汝）死（尸）
> 我家，穀嗣我西隔東隔僕駁百工牧臣妾，東裁（董裁）內外，母（毋）
> 敢否善。易女戈臷（琱）咸厀必（柲）彤屖（綏）十五鋝、鐘一、
> 磬五、金。苟乃婪（夙）夜用事。」毀拜頴首，敢對覯皇君休。（下
> 略）〔註58〕

楊樹達因之曰：「余謂伯龢父即共伯和，求之本器，即可瞭然。知者，彝銘屢
見『王若曰』之文，非王而稱若曰者，僅此器之白龢父。若非白龢父有與王
相等之身份，安能有此。且銘文首記命辭，次記錫物，末記揚休制器，與其
他王命臣工之器無一不同。」〔註59〕其論斷理致條達，深具說服力，因此，
結合典籍與金文，我們可以如此推斷：共和時期，王政大概由貴族諸侯代理，

〔註56〕張以仁，〈國語集證〉，卷一，（上），《史語所集刊》第四十四本第一分（民國
　　　 61年7月），頁151。
〔註57〕《大系考釋》，頁114～115。
〔註58〕《大系考釋》，頁114。
〔註59〕楊樹達，〈師獸毀跋〉，收於《積微居金文說》（北京，科學出版社，1959年9
　　　 月），頁299。

而主政者爲共伯和。

共和共有十四年，這段期間，王位懸缺，國脈幾絕，宣王故有「是喪我或（國）」（「毛公鼎」）之語，雖然貴族諸侯最後將王位歸還給宣王，但這並不表示從此放鬆對王權的限制。在貴族諸侯強大勢力的籠罩之下，宣王採取了低姿勢，其告毛公之語，表現出戰戰兢兢的態度，而他之賦予毛公極大的權力，除了顯示亟欲求治的態度之外，同時也代表他對貴族諸侯作了重大的讓步。正因宣王有心求治，又能與貴族諸侯的勢力妥協，所以又重振了王道，使諸侯復宗周。

宣王即位之初，雖鑑於形勢，與貴族諸侯的勢力妥協，但隨著中興武功的煊赫和王軍武力的復趨壯盛，潛藏的王權意識再度高揚起來，而且尚較前過之。最明顯的例子是，隨個人喜好廢長立少，破壞魯國的繼承制度，俟魯國發生政治動亂，又派兵伐魯，立孝公爲魯侯，十足表現強橫的王權至上主義。其他如料民太原、不脩籍千畝、不聽諫言、和枉殺杜伯等，都表現出專擅的作風。貝塚茂樹因此稱之爲「有極端推進中央集權的傾向」。〔註60〕雖然此時王權高漲，王室武力強盛，但也不可避免地發生王權與諸侯勢力相衝突的事件，伯御與魯人攻殺懿公，自立爲君，是對王權的一大挑戰，而宣王伐魯立孝公後，「諸侯多畔王命」，也是諸侯抵制王權的表示。不過，除了伯御的事件之外，大致而言，在宣王一朝，王權顯然凌駕貴族諸侯的勢力，儘管王權擴張，但也沒形成有力的反抗勢力。

降至幽王時期，受壓抑的貴族諸侯的勢力，再度活躍起來，據〈小雅·十月之交〉所載：

> 皇父卿士，番維司徒，家伯維宰，仲允膳夫，棸子内史，蹶維趣馬，楀維師氏，豔妻煽方處。抑此皇父，豈曰不時？胡爲我作，不即我謀？徹我牆屋，田卒汙萊。曰：「予不戕，禮則然矣。」皇父孔聖，作都于向，擇三有事，亶侯多藏。不慭遺一老，俾守我王。擇有車馬，以居徂向。

可見幽王時的權臣計有皇父、番、家伯、仲允、棸子、蹶和楀等七人，他們把持朝政，以皇父爲首腦。皇父的惡劣事蹟是擅自毀人牆屋，沒收田地，最後還作都于向，盡遷舊臣而去，自立三有司，儼然成立一個小朝廷。

〔註60〕貝塚茂樹，《中國古代史學の發展》（東京，弘文堂書局，1967 年 7 月），頁364。

　　我們很難想像皇父何以能作都於向，又何以能盡遷舊臣而去？由其行徑觀之，簡直無視幽王之存在；其所以如此，若非勢力龐大，有以恃之，則為幽王昏闇，諸事不理，予其胡作非為之機。王子朝曾曰：「至于幽王，天不弔周，王昏不若，用愆厥位。」〔註61〕可見幽王是一位昏闇的庸君；由於幽王之昏闇，貴族諸侯的勢力又活躍起來，但除了晚年因廢太子之事，與申侯發生衝突之外，不復出現王權與貴族諸侯的勢力相互激盪。若從厲王以來王權發展的脈絡觀察，此一結果令人有峰迴路轉之感。

　　從西周王權的發展來看，夷王時已有提高王權的傾向，雖然其所採行的方法不無可議，但其王權意識已充分顯示了出來。至厲、宣時期，王權的發展達於高峰，厲王專斷自為，宣王也表現出王權至上的態度；但另一方面，貴族諸侯的勢力也逐漸強大。由於西周政治的權力結構，帶有王室與貴族諸侯分權的特色，因此，王權的高漲，適足以導致貴族諸侯的反抗，使諸侯離心；這恐怕是厲王被驅逐出京，流亡於彘的重要原因。宣王時雖未發生動亂，但諸侯已多叛周，此一形勢對王室的安危，實已構成極為不利的影響，而幽王猶不知改弦易轍，恣意胡為，也未嘗不可視之為王權意識伸張的結果。因此，從這個角度來看，王權的高漲，也應是間接地導致西周覆亡的原因之一。

〔註61〕《左傳·昭公二十六年》。

第三章　禮法的僵化與社會的變動

第一節　冊命金文的出現及其意義

　　冊命金文，又稱「策命金文」，是諸侯或臣僚受周天子封賜冊命，而鑄器紀念的金文。舉行冊命時，都要經過一定的儀式，稱爲「冊命禮」或「錫命禮」。西周錫命禮的發展過程，大致上可分爲前後兩期。前期相當於成王、康王、昭王和穆王時代。後期則指恭王以後；兩期的主要差別，在於前期的儀禮尚在發展中，後期則已定型。錫命禮起源於成康時期，其特色是舉行儀式的時地不一，隨時隨地均可舉行，而且儀式也較簡單，例如「宜侯矢簋」，王在宜的宗社南嚮，就直接宣讀冊文；又如「大盂鼎」，王在宗周命盂襲其祖之職，儀式也很簡單，因此，白川靜說：「前期的金文，廷禮冊命尚無定型的形式，冊命或賜與，概依臣從關係，隨時隨處舉行。」並認爲這是「軍政時期的儀禮」。〔註1〕

　　從康王以後，錫命禮的舉行，有集中於蒡京的趨勢，〔註2〕白川靜名之爲「蒡京儀禮的時代」，〔註3〕蒡京儀禮首見於「麥尊」，其銘文曰：

　　　　王令（命）辟井厌出矿厌邘井。霁（雩）若二月，厌見邘宗周，亡

〔註1〕白川靜，〈西周史略（下）〉，《金文通釋》第四十七輯（白鶴美術館誌第四十七輯，昭和五十二年十月），頁81～82。

〔註2〕關於蒡京的地望，有鎬京、豳地、范宮、豐京和蒲坂等說法，葉達雄先生曾討論之，最後引白川靜的說法以爲結論，其言曰：「從字的聲義來說，蒡京認作豐京是對的，如果強加分別的話，豐是地的大名，蒡京是其地辟雝所在的神域。」見〈西周昭穆恭懿孝夷時代的內政措施與對外關係〉，頁74～79。

〔註3〕白川靜，前引文，頁82。

述（尤）。逾（會）王客莽京酌祀。霽若翌日，才（在）壁雝（辟雝），
王乘丹舟爲大豐，王躬大糞禽，厥乘丹赤旅舟，從，以咸之日，王
曰（與）厥內（入）邢寢（寢），厥易（錫）玄周（琱）戈。（下略）

〔註4〕

乃記康王在莽京舉行酌祀，第二天又在辟雝舉行大封之禮。至穆王時期，「遹簋」
記王在莽京舉行酌祀，「井簋」和「靜卣」也記在莽京受到賞賜，學者因此指出：
莽京的儀禮殆在康王時代開始，而盛於昭穆時代，尤其是穆王時代最爲盛行，
穆王以後就轉到廷禮方面，所以莽京之禮到恭王時代已衰微。〔註5〕

至恭王時代，錫命禮發展成具有一定的型式，由於金文中常有「立中廷」
之語，故學者稱之爲「廷禮」。〔註6〕一般說來，廷禮的進行過程，是王先即
位於宮廟，再由「右」者引導受冊封者到中廷，北嚮而立，然後再宣讀冊命
內容，這種形式最早出現於穆王時期的「盠方尊」，銘文曰：

唯八月初吉，王各于周廟。穆公佑盠立于中廷北卿，王冊令尹錫盠
赤市幽大攸勒，曰用司六自、王行參川有司土馬司工。王令盠曰，
劃司六自，眾八自執，盠拜稽首，敢對揚王休，用乍朕文且益公寶
尊彝。（下略）〔註7〕

至恭王時期的「即簋」、「師至父鼎」、「趞曹鼎」等，都表現出同樣的型式，
例如「趞曹鼎」銘文曰：

佳七年十月既生霸，王才（在）周般宮。旦王各（格）大室。井白
入右趞曹立中廷，北卿（嚮），易（錫）趞曹戴市、同黃（珩）織。
趞曹拜頡首，敢對覲天子休，用乍寶鼎，用卿（饗）倗瞽（朋友）。

〔註8〕

白川靜故謂廷禮冊命的定型，是到恭王時期完成的。〔註9〕

冊命金文發展到廷禮階段，出現了多項重要意義。首先，儀式的進行過
程，由王即位，右者引導受封賜者立中廷北嚮，然受宣讀冊命內容，最後受
封賜者對揚王休，整個儀式整然有序，顯露出肅穆莊嚴的王威；如第二章第

〔註4〕《大系考釋》，頁40。
〔註5〕葉達雄，〈西周昭穆恭懿孝夷時代的內政措施與對外關係〉，頁72～73。
〔註6〕白川靜，前引文，頁83。
〔註7〕羅福頤，〈郿縣銅器銘文試釋〉，《文物參考資料》，1957年第五期，頁7。
〔註8〕《大系考釋》，頁68。
〔註9〕白川靜，前引文，頁84。

二節所述，雖然有學者認為右者的出現，是王權受到限制的象徵，但這個說法實難以成立，今更申論之。由金文所見，右者的身份有公、伯、司馬、宰和公族等，還有無官銜的，如：

　　　　裁簋：穆公入右裁……。

　　　　師虎簋：井白內右師虎……。

　　　　師晨鼎：嗣馬共右師晨……。

　　　　無叀鼎：嗣徒南仲右無叀……。

　　　　頌鼎：宰弘右頌……。

　　　　師酉簋：公族瑂整入右師酉。

　　　　免卣：井弔右免……。

他們的身份有高有低，不一而足，楊寬曾研究右者的身份道：「西周王朝的主要執政者是"公"一級的太師和太史，而實際權力則掌握在太師手中，……冊命典禮中稱為"公"的右者主要是太師。冊命典禮中作為"右"者的司馬、司土（或作司徒）、司工以及太宰、公族，都是"卿"一級的朝政大臣，其官爵地位都在太師和太史之下。」〔註10〕也就是說，右者的身份都是公卿大臣，地位也都相當高，由他們來引導受封賜者見王，顯示典禮的舉行相當隆重，適反映出王威的莊嚴。

　　其次，此一時期，金文常出現冊命某人襲其前人之職的例子，如恭王時期的「豆閉簋」銘文曰：

　　　唯王二月既眚霸，辰才（在）戊寅，王各（格）于師戲大室。井白
　　　入右豆閉。王乎內史冊命豆閉。王曰「閉，易（錫）女（汝）哉衣、
　　　𢆶市、䜌旂，用俗乃且（祖）考事，嗣𡩡䲵邦君嗣馬，弓矢。」閉
　　　拜頴首，敢對訊天子不顯休命，用乍朕文考釐弔（叔）𪔂毀，用易
　　　（錫）𠄐𠄐。萬年永𪔂用于宗室。〔註11〕

王命豆閉襲其父祖之職，豆閉因此作器以資記念。對於此一現象，學者通常稱之為再冊命，而將其擬於西洋中古時期的封建制度和封建契約，如齊思和謂：「封建既為個人間之契約關係，故此種關係之有效期間，自至雙方死亡時為止。依理論言之，封君若死，封主自可收回其采邑，改封他人。當封建初起時，固有

〔註10〕楊寬，〈西周王朝公卿的官爵制度〉，收於《西周史研究》（人文雜誌叢刊第二
　　　　輯，人文雜誌社編輯部編，1984）頁 115。

〔註11〕《大系考釋》，頁 77。

因封臣死而封君將采邑收回者，但其後封王與封臣雙方漸由個人關係而變爲世襲。待新封主即位，封臣須重新由新封君授命，表示對新君盡忠，同時封臣若死，其子嗣亦須由封主重新任命，對封主例須貢幣。且其子若未成年，則其采邑，須由封君代爲管理，其收入亦歸封君，且其婚姻亦須由封君爲之主持焉。」
「簡單言之，西洋中古當封建制度盛行時期，其封建典禮與君臣關係，大略如是。中國古代錫命之禮，封建之制，雖以典籍散失，文獻不足，不能詳考，然大體言之，固與西洋相去不遠。」〔註12〕齊氏之意，是認爲西周時期的再冊命，與西洋的封建制度一般，不論君或臣一方去逝或新立時，都必須舉行再冊命的儀式。不過，關於這一論點，也有人提出不同的看法，而認爲只有世族的上一兩代人，或世族的現今一代人，對周室有功，和周王室有較密切的關係，才得以重新任命，使這一氏族仍能傳襲下去。否則，就得不到重新任命，這一世族就和王室疏遠，必然會沒落了，這也是一些世族衰落的原因之一。從這個意義上來講，不能認爲冊命只是一種儀式而已，它有著重大的實質意義。〔註13〕此一觀點，頗值得我們深思。自來言西周貴族官爵的繼承情形，皆謂世官制，即世守其官，1976 年出土于陝西扶風縣白家村的微氏家族銅器，祖孫五代世任史官，唐蘭故稱之爲「微史家族」，〔註14〕似可爲例證。但是，一些資料顯示，世官制只是一個原則，其間仍存有不少變例，並非每一代貴族都能承襲其先人之官職，太史公自言其先人世序天地，至周宣王時，「失其守而爲司馬氏」。〔註15〕金文裏面也常出現失官或官位昇降的情形，例如按「師𩇕鼎」、「師望鼎」、「即簋」和「師丞鐘」，可以排成師𩇕——師望——即——師丞四個世代，〔註16〕他們是虢季的後人，世襲師職，可是不知何故，在「即」這一代，卻失去了師的官銜。又如屬宣時期的克，他的祖父是師華父，但據「大克鼎」和「小克鼎」所記，他自己卻做到膳夫一職。又如 1975 年出土于陝西岐山縣董家村的裘衛家族銅器，第一代的裘衛尚是司裘之小吏，到第三代的公臣，已官拜膳夫，凡此

〔註12〕齊思和，〈周代錫命禮考〉，收入《中國史探研》（台北，弘文館出版社，民國 74 年 9 月），頁 51。

〔註13〕王培眞，〈金文所見西周世族的產生和世襲〉，收於《西周史研究》（人文雜誌叢刊第二輯），頁 190～191。

〔註14〕唐蘭，〈略論西周微史家族窖藏銅器群的重要意義〉，《文物》1978 年第三期，頁 19。

〔註15〕《史記》，卷一三〇，〈太史公自序〉。

〔註16〕見李學勤，〈西周中期青銅器的重要標尺——周原莊白、強家兩處青銅器窖藏的綜合研究〉，《中國歷史博物館館刊》1979 年第一期，頁 32。

均說明西周貴族的官職並非世襲不變，有時上昇，有時下降，也有時會失官。西周時期，金文所見聲勢煊赫的世族，代有浮沈，有些只出現兩三代，就消聲匿跡，即使像畿內井氏一族，歷康、昭、穆、共、懿、孝、夷、厲八王，權勢煊赫無匹，然宣王以後也沈寂無聞，顯然他們是失去王的恩寵，而逐漸失去權勢和地位，但他們是否如前所述，因得不到再冊命而不能任職於王室，則不易得知。不過，從以上的論述，可以看出西周王室的官職，並非集中於少數貴族的手中，當時的官職還是代有興替的。

　　第三，「廷禮」時代的金文，反映出周人已由進取而轉趨保守。貝塚茂樹曾將西周的金文以穆王為界，分為前後兩期，前期金文的特色，是記述戰時或平時祭祀任官，他稱之為「錫與形式金文」，後期金文的特色，是記述官職的敘任策命，他稱之為「策命形式金文」。〔註17〕從錫與形式金文轉變到策命形式金文，象徵著周人不再有開疆拓土之舉，而策命形式金文中所記載的繁文褥節，則顯示周人的活力已大不如前。根據近人的研究，冊命禮儀與輿服賜物有固定的制定，冊命賜服代表官位，諸侯和公卿臣僚，各有其輿服賜物，官職不同，輿服賜物也隨著不同。〔註18〕從官臟制度方面來看，這未嘗不是官職整備的象徵，但若從社會方面著眼，過分注重繁文褥節，則會斲喪生命活力，西周中期整個政治社會和軍事之所以都呈現退縮保守的狀態，這應是重要原因之一。同時，伴隨著繁文褥節而來的，必是豪奢的排場，這是一項沈重的經濟壓力，並非每一個貴族都能負擔得起，經濟情況較差的貴族，將因此走上衰落之途，從裘衛諸器中，矩伯出租田地給裘衛，以換取毛皮車馬，似不難看出此一發展的端倪。而且，豪奢的風氣，容易腐蝕人心，使政治敗壞，西周中期政治之不上軌道，和武力之不競，都顯示周人已失去西周初期那種勇武奮發的精神，這些都與豪奢的風氣息息相關。因此，過份的注重繁文褥節和豪奢排場，而形成奢靡的風氣，應是種下西周衰亡的重要根源。

第二節　禮法與社會的變動

　　周人所建立的封建王朝，其政治結構比較鬆散，封建禮法是維繫此一結

〔註17〕貝塚茂樹，《中國古代史學の發展》，頁358。
〔註18〕陳漢平，〈冊命金文所見西周輿服制度〉，收於《西周史研究》（人文雜誌叢刊第二輯），頁192～206，161。

構於不墜的重大力量，它主要行之於貴族，〔註19〕其涵蓋面極廣，從政治、社會、軍事，以至日常生活，俱包括在內，成爲封建王朝穩定的重要根源。從典籍、金文與考古發掘，我們可以看到許多禮法制度，如宗法、祭禮、喪禮、婚禮、籍禮、冠禮、射禮、大蒐禮、饗禮、冊命禮、輿服制度和用鼎制度等。西周的封建社會乃建立於這些禮法之上，其社會特質是講求穩定，任何禮法的變動，均可能危及整個封建社會的穩定，因此，禮法的破壞或變動，實可視爲衰亂的象徵。西周們中期開始，禮法制度已有崩壞的跡象，至晚期尤烈，最顯著的例子，有土地的交易、宗法的破壞、階級的變動和用鼎制度的破壞等。

　　西周的土地制度，一般都認爲是屬於天子所有，不得交易買賣，這種看法，主要根據是《詩經》「溥天之下莫非王土」〔註20〕和《禮記》「田里不鬻」〔註21〕這兩句話，但從幾件記載土地交易的銅器銘文加以視察，似乎與上述的文獻記載相抵觸，例如恭懿時期的「佣生簋」（舊名「格伯簋」）銘文曰：

> 佳正月彴吉癸子（巳），王才（在）成周。格白（伯）受良馬桒于佣
> 生，厥貫世田，剔析。格白遷，殷妊彶（及）仡人從。格白反（安）
> 彶旬。殷人紉電谷杜木，遷谷㭬桑涉東門。厥書吏戠武立盄成塈，
> 鼄（鑄）保（寶）設，用典格白田。（下略）〔註22〕

乃言佣生付良馬四匹給格伯，其代價爲三十田。孝王時期的「曶鼎」銘文曰：

> 曶饉歲，匡眾厥臣廿夫寇曶禾十秭。呂匡季告東宮。東宮迺曰：「求
> 乃人，乃（如）弗得，女（汝）匡罰大」。匡迺 首于曶，用五田，
> 用眾一夫曰㭨，用臣曰疐、□（曰）𦥑、曰眞，曰：「用丝三夫頣
> 首。」曰：「余無鹵（攸）具寇，正□□不□㪜余。」曶或（又）
> 呂匡季告東宮。曶曰：「戈（必）唯朕□□（禾是）賞（償）。」東
> 宮迺曰：「賞（償）曶禾十秭，價（遺）十秭，爲廿秭。□（如）來
> 歲弗賞（償）割付卌秭。」迺或（又）即曶用田二，又臣□□（一

〔註19〕《禮記・曲禮上》曰：「禮不下庶人」，瞿同祖申論之曰：「禮便是以宗法爲基本的祭祀婚喪等制度。庶人用不著講求這些用以維持封建系統的禮或宗法。」見氏著《中國封建社會》（台北，里仁書局，民國73年3月），頁164。

〔註20〕《詩經・大雅・板篇》。

〔註21〕《禮記・王制》。

〔註22〕《大系考釋》，頁81。此器是格伯典田給佣生，佣生作器紀念，因此，唐蘭認爲應改名爲"佣生簋"才正確，見〈用青銅器銘文來研究西周史〉，《文物》1976年第六期，頁31。

夫）。凡用即曶田七田，人五夫，曶覓匡世秝。」〔註23〕

乃言從前饑歲之時，匡季之眾及臣，寇曶之禾，曶乃告至東宮，東宮最後判決匡季付曶四十秝，但匡季與曶沒有遵行公判，而自行私結，匡季付曶七田五人，曶則免匡季三十秝而了事。

屬王時期的「矢人盤」（舊稱「散氏盤」），記矢國在散國境內經營事業，因而補償給散國眉和井邑的部份地區。〔註24〕1975 年出土的裘衛諸器，其中的「衛盉」、「五祀衛鼎」，均記載土地交易之事，這兩件銅器均屬懿王時期，「衛盉」銘文曰：

> 佳三年三月既生霸壬寅，王爯旂于豐。矩白庶人取，堇（瑾）章（璋）于裘衛，才（財）八十朋，厥賈（貫），其舍田十田：矩或（又）取赤虎（琥），兩、麀韋（韎）兩、韋（賁）韐一，才（財）廿朋，其，舍田三田。裘衛迺龏（矢）告于白邑父，炎（榮）白、定白、𤔲白、單白、白邑父、炎白、定白、𤔲白、單白迺令參有嗣：嗣土（徒）散（微）邑、嗣馬單旟（旟）、嗣工（空）邑人服，辠（逮）受田：燹、趞、衛小子𧼈，逆者其鄉（饗）。（下略）〔註25〕

乃言王在豐舉行建旂大典，矩伯向裘衛取玉器和皮革製品，共值一百朋，而付給裘衛十三田，裘衛乃告之于伯邑父等五大夫，五大夫乃命三有司監督受田。「五祀衛鼎」銘文曰：

> 佳正月初吉庚戌，衛吕邦君屬告于井白、白邑父、定白、𤔲白白俗父，曰屬曰："余執龏王邱工（功），于邵（昭）大室東逆炎（營）二川"。曰："余舍女田五田。"正迺𧽡（訊）屬曰："女賈（貫）田不（否）？"屬迺許曰："余審（審）賈田五田。"井白、白邑父、定白、𤔲白、白俗父迺顈（講）。吏（使）屬誓。迺令參有嗣：嗣土邑人趞、嗣馬頴人邦、嗣工（空）隆（附）矩、內史友寺芻，帥履（履）裘衛屬田三（四）田。迺舍寓（宇）于厥邑：厥逆（朔）疆罪屬田，厥東疆罪散田，厥南疆罪散田罪政田，厥西疆罪屬田（下略）〔註26〕

〔註23〕《大系考釋》，頁 97～98。

〔註24〕見《大系考釋》，頁 129。

〔註25〕龐懷清、吳鎮烽、雒忠如、尚志儒，〈陝西省岐山縣董家村西周銅器窖穴發掘簡報〉，《文物》1976 年第五期，頁 27。

〔註26〕龐懷清等，前引文，頁 27～28。

乃言裘衛看中了邦君厲在昭太室東北的田地，乃約厲王五大夫面前，欲以五田換其四田，厲同意立了誓，五大夫乃派三有司，由內史友率領，踏勘轉讓給裘衛的土地。

這些銅器銘文，或記載以馬易田，或以田償禾，或以物易田，或以田易田，論者逐謂此為王權所有制的動搖，周體開始崩壞。〔註27〕唐蘭不贊同土地有買賣之情事，其理由是「賓」字應釋為“租”，而不應釋為“賈”，因此他說：「佣生簋記格伯租給佣生三十田，衛盉記矩伯租給裘衛一千畝田，都只是租，而非買賣。」〔註28〕但「九年衛鼎」記載矩伯將林䣄里付給裘衛，他只好說這是以物易地，而且推測林䣄里可能是矩的私地，不在王朝冊籍之中，也可能林地與田地的制度有所不同。〔註29〕「賓」字，郭氏在「格伯簋」銘文的考釋中，也釋為“租”，楊樹達則釋為“賈”，即價值之價。〔註30〕從「五祀衛鼎」中「女賓田不？」這句話，可見釋為“賈”較恰當，即交換之意。因此，西周時期已有土地交易買賣之情形發生，應是不成問題的，然而，土地之有交易買賣，就要視為王權所有制的動搖，或周禮崩壞之始嗎？對於土地王有說，已有學者提出質疑，〔註31〕就上列諸器所見，土地進行交易時，大都須向官方報備，並由官員監督踏勘，顯示這種現象是合法的，不應視為對禮制的破壞，因此，也有人認為：當時這種交易是合法的，經過官方的認可並舉行隆重的交接儀式，這並非個別的萌芽狀態的事物，不能認為這是對傳統禮制的破壞，而應視為當時

〔註27〕如王明閣氏列舉「佣生簋」、「舀鼎」、「曶攸從鼎」和「矢人盤」等有關田邑的事件，而曰：「這些都可視為王權所有制的動搖。」見〈從西周金文中看西周土地王權所有制的變化〉，收於《西周史研究》（人文雜誌叢刊第二輯），頁7。周瑗則根據裘衛諸器，而謂：「西周中期的土地交易，儘管還不是體現完全的、自由的土地所有權買賣，卻足以說明周禮的開始動搖崩壞。」見〈矩伯、裘衛兩家族的消長與周禮的崩壞〉，《文物》1976年第六期，頁49。

〔註28〕唐蘭，〈用青銅器銘文來研究西周史〉，頁31。

〔註29〕唐蘭，〈用青銅器銘文來研究西周史〉，頁32。如下文所說，「林䣄里」應釋為「林狐狸」，唐蘭認為那是地名，不確。

〔註30〕楊樹達，〈格伯簋跋〉，收於《積微居金文說》。

〔註31〕如沈長雲認為，金文中多有“死嗣王家”之語，可見王室之事與邦國之事有別。王室亦有其私有經濟，由周王自己任命家宰管理，而且王室還有一項重要的經濟來源——貢賦，根據這兩點，他認為土地王有之說不能成立，而且「格伯簋」、「曶从鼎」、「舀鼎」和裘衛諸器都記載土地交易之事，說明西周貴族對土地擁有直接支配的權力。見〈金文所見西周王室經濟〉，收於《西周史研究》（人文雜誌叢刊第二輯），頁78～88。

社會經濟制度下的一種正常現象。〔註32〕不過，這也並不是說西周時期已經實施自由買賣的土地私有制，試觀土地進行交易時，必須獲得官方的認可，也說明土地並不是隨便就可交換的。從這個角度來看，《禮記》所謂的「田里不鬻」，是有其根據的，但只能當作一種原則，隨著社會經濟的發展，法制多少要做一些修正，而這些修正並不需要把它嚴重地視爲禮法的崩壞，與其把它視爲禮法的崩壞，不如說這是禮法的變動，還要來得恰當。

　　西周時期的土地可以交易買賣，雖然違背了「田里不鬻」的原則，但它當是有限度的，所以即使影響整個社會體制，應該還屬輕微。但西周中晚期發生了一些繼位的糾紛，顯示禮法制度有產生劇烈變動的趨勢，最顯著的例子是宣王之干涉魯國的繼承制度。春秋時晉的韓宣子曾稱讚「周禮盡在魯矣」，〔註33〕但魯的繼承制度，卻不是嫡長子制，而是「一生一及」制，叔牙曾說：「魯一生一及」，〔註34〕何休注曰：「父死子繼曰生，兄死弟及曰及，……是魯之常。」觀《史記・魯世家》的記載，從魯公伯禽至孝公，六代十一主，確都是行一生一及之制，西周時期各諸侯國的繼位方式，大抵是父死子繼，魯國的這套繼承制度實在很特殊。雖然如此，魯的繼承制度，也並非迥異於周人之制，它可能也有長幼嫡庶之規定，父死子繼，當是長子繼位，兄終弟及，當是次弟及之，否則易起糾紛。又惠公死後，隱公以長庶子的身份代攝當國，不敢眞襲其位，也可見庶子不能繼位。由此二例，可以見出魯國的繼承制度可能已有長幼嫡庶之別，好像是揉和了殷制和周制。〔註35〕因此，宣王廢長立少，不僅干涉了魯國的繼承制度，也違背了周的嫡長子制，其影響當不小。

　　事實上，由典籍所見，宗法的破壞始自西周中期，至晚期尤烈，宣王之破壞宗法，是整個趨勢中較突出的事件。就王室本身而言，宣王之前的孝王，以叔叔的身份繼位爲王，就已破壞了宗法。就諸侯而言，根據《史記》各世家的記載，整個西周時期，諸侯共發生八次弑君及二次爭位事件，一次在懿

〔註32〕 李根蟠、盧勳，〈略論西周與西雙版納傣族封建經濟制度的差異——與馬曜、繆鸞和同志商榷〉，《民族研究》，1980 年第六期，頁 48。

〔註33〕 《左傳・昭公二年》。

〔註34〕 《公羊傳・莊公三十二年》。《史記・魯世家》亦曰：「一繼一及，魯之常也。」

〔註35〕 朱鴻曾指出：一生一及制乃揉合了殷世商的兄終弟及制和制和周人的嫡長子繼承制，此制反映了魯人對殷商舊勢力的妥協。見〈論魯國「一生一及」的君位繼承制度〉，《師大歷史學報》第九期（民國 70 年 5 月），頁 40～41。

王時，兩次在孝王時，六次在宣王時，一次在幽王時。〔註36〕從這個數目字來看，懿孝時期諸侯的繼位糾紛已發其端，顯示宗法制度已開始破壞，親親精神逐漸淡薄，而宣王時期發生四次弒君和兩次繼位糾紛事件，在《史記‧十二諸侯年表》中所列的十二個諸侯中佔了六國，其比例實在驚人。其中齊國之糾紛，歷獻公、武公和屬公三世約四十年，最後誅殺七十人，戰死者尚不計，可謂相當慘烈。宣王時期發生了這麼多次的繼位糾紛，反映出宗法制度已急遽崩壞，宣王之干涉魯國的繼承制度，和幽王之廢嫡立庶，是其中最引人注目的，也是影響最重大者。

土地制度的變動和宗法制度的崩壞，均始自西周中期，而社會階級的變動，也可推溯至西周中期。裘衛諸器中衛盉記載矩伯與裘衛進行過土地交易，另外一件「九年衛鼎」，則記載矩伯向裘衛取馬車用的皮革製品，而授給裘衛在森林中有狩狐權，鼎銘曰：

> 佳九年正月既死霸庚辰，王在周駒宮，各廟，眉敖者膚爲吏（使），
> 見于王，王大黹（致）。矩取眚（省）車乄較（較），柔（賁）ゐ（靷）、
> 虎ㄅ、希韠、畫轉、兂（鞶）、帀（席）、韍、帛（白）轡乘、金麀

〔註36〕懿王時期——
〈魯世家〉：「幽公弟潰殺幽公而自立，是爲魏公。」
孝王時期——
〈齊世家〉：「哀公之同母少弟山怨胡公，乃與其黨率營丘人襲攻殺胡公而自立，是爲獻公。」
〈宋世家〉：「潛公子鮒祀弒煬公而自立，曰『我當立』，是爲屬公。」
宣王時期——
〈曹世家〉：「幽伯九年，弟蘇殺幽伯代立，是爲戴伯。」——三年。
〈楚世家〉：「熊霜六年，卒，三弟爭立。仲雪死，叔堪亡，避難於濮，而少弟季徇立，是爲熊徇。」——六年。
〈齊世家〉：「屬公暴虐，故胡公子復入齊，齊人欲立之，乃與攻殺屬公。胡公子亦戰死。齊人乃立屬公子赤爲君，是爲文公，而誅殺屬公者七十人。」——十三年。
〈衛世家〉：「釐侯卒，太子共伯餘立爲君，和……襲攻共伯於墓上，共伯入釐侯羡自殺。衛人……立和爲諸侯，是爲武公。」——十六年。
〈魯世家〉：「懿公九年，懿公兄括之子伯御與魯人攻弒懿公，而立伯御爲君。」——廿一年。
〈晉世家〉：「穆侯卒，弟殤叔自立，太子仇出奔。」——四三年。
幽王時期——
〈晉世家〉：「穆侯太子仇率其徒襲殤叔而立，是爲文侯。」——元年。
以上年代係根據《史記‧三代世表》和〈十二諸侯年表〉。

（鑣）鋇。舍矩姜帛三兩。迺舍裘衛林𩰫里。廠年住𩰫（顏）林，
我舍𩰫陳大馬兩，舍𩰫敀（奴）虞吝（咬），舍𩰫有嗣㬎商𬮿（豞）
裘、盙官。矩迺罕遣夅令㬎商罕㠯（意）曰：〔註37〕

林𩰫里，周瑗釋爲"林狐狸"，帛三兩，是十二丈長的帛。〔註38〕銘文大意
是說，王接見眉國使者，要舉行致館禮，結果矩伯向裘衛取用一套馬車飾物，
裘衛還送給矩姜十二丈長的帛，其代價是矩伯授給裘衛在森林狩獵狐狸的權
利，而裘衛選中了顏林這個地方。矩伯與裘衛共進行過兩次交易，其原因都
是朝廷要舉行盛大典禮，而矩伯乎窮得無法備禮服車飾，乃以土地和獵狐權
向裘衛交換玉器皮革車飾。矩伯是大貴族，爲了參加朝中大典，而出此下策，
這在講究奢華排場的當時社會中，可能也有其他貴族跟矩伯面臨同樣的困
境，從這裏我們可以看出大貴族衰落的某些過程。〔註39〕

　　反觀裘衛這方面，其後人相當顯耀。董家村所出土的裘衛家族銅器，除了
裘衛諸器外，比較重要者有「公臣簋」、「此鼎」、「旅伯鼎」、「伯辛父鼎」。「公
臣簋」是屬王時器，銘文曰：「虢中令公臣：嗣朕百工……」，〔註40〕公臣可能
是裘衛之子，虢氏是西周時期的大世族，公臣得司其百工，已具有不小的權勢。
另外，宣王時期的「此鼎」，記十七年王冊命此曰：「旅邑人譱（膳）夫……」，
〔註41〕可見「此」官居膳夫，他可能是「旅伯鼎」中的旅伯，和「伯辛父鼎」
中的伯辛父，是裘衛家族的第三代，根據「小克鼎」、「大克鼎」、「膳吉父鬲」
和《詩・小雅・十月之交》，可知西周晚期的膳夫是顯職，爲王之左右親信，從
裘衛到此，僅歷三代，卻已由司裘之小官晉升爲王室大臣，此一階級的變動，
實在相當快速。矩伯與裘衛兩家的消長，可以使我們更深刻地觀察到西周中晚
期社會階級變動之一般情形。

　　用鼎制度的破壞，也反映出西周晚期禮法制度趨於崩壞。所謂「用鼎制
度」，是指祭祀時，所能擺設的鼎簋件數，因身份的差異而有多寡之別，它是
各級貴族身份的重要標誌。關於用鼎制度，何休注《公羊傳》曰：

〔註37〕龐懷清等，前引文，頁 28。
〔註38〕周瑗，前引文，頁 48。
〔註39〕對於此一現象，杜正勝先生說：「舊的土地氏族日趨零落，裘衛這種工藝小貴
　　　　族急遽上升，西周中晚期的社會階級變動可以說是工藝奢侈品打倒土地糧食
　　　　生產的大變動，封建體制僵化後，社會風氣流於奢靡，是這番變動的主要動
　　　　力之一。」見〈周代封建制度的社會結構〉，頁 587。
〔註40〕龐懷清等，前引文，頁 28。
〔註41〕龐懷清等，前引文，頁 29。

禮祭：天子九鼎，諸侯七，卿大夫五，元士三也。〔註42〕

俞偉超和高明綜合《左傳》和三禮的記載，認為這是西周的古制，〔註43〕並進一步推論說：「這時期（按：指武王至恭王時期）周王室自有一套天子九鼎，卿七鼎，大夫五鼎，士三鼎或一鼎的制度，而又有一套公、侯七鼎，伯五鼎，子、男三鼎或一鼎的制度。」〔註44〕周人用鼎的特色，是以鼎簋的組合作為基礎，〔註45〕就三禮所見，九鼎配八簋、七鼎配六簋、五鼎配四簋、三鼎配二簋、一鼎無簋，是周代常制。〔註46〕依據地下考古資料，西周初期和中期已出現五鼎配四簋、三鼎配二簋、一鼎無簋和一鼎配一簋或二簋的制度，因此，最遲在西周中期，周人的用鼎制度可能已具有完整的形態。〔註47〕

用鼎制度的破壞，出現於西周晚期。夷厲時期的微伯癲（微史家族銅器所見的最後一代）使用八鼎，雖未見銅器，但八簋是用來配九鼎的，所以微伯癲應該用九鼎，也就是說他僭越了天子之禮。岐山董家村窖藏銅器出土的「此鼎」有三等，「此簋」有八等，都是宣王十七年十二月乙卯鑄的，八簋應配九鼎，故「此鼎」當有遺失，此的官職只是膳夫，他也僭越了天子之禮。扶風上康村出土幽王時期函皇父的窖藏銅器，盤銘曰：「函皇父乍琱娟盤、盉、障器、鼎、簋一具，自豕鼎降十有一人，簋八。」〔註48〕「十有一」可能是「十有二」之誤，因周代有正鼎九，陪鼎三之制，〔註49〕函皇父使用九鼎八簋，也僭用了天子禮。此外，屬於西周末或春秋初的河南陝縣上村嶺虢太子墓，可以看見虢太子使用七鼎，虢太子的身份應為大夫級，卻使用諸侯的七鼎，說明了他僭越了諸侯之禮。

〔註42〕《公羊傳·桓公二年》。

〔註43〕俞偉超、高明，〈周代用鼎制度研究（上）〉，《北京大學學報》，1978年第一期，頁89。

〔註44〕俞偉超、高明，〈周代用鼎制度研究（中）〉，《北京大學學報》，1978年第二期，頁89。

〔註45〕參閱宋建，〈關於西周時期的用鼎問題〉，《考古與文物》，1983年第一期，頁76。

〔註46〕俞偉超、高明，《周代用鼎制度研究（上）》，頁96。

〔註47〕參見杜迺松，〈從列鼎制度看"克己復禮"的反動性〉，《考古》1976年第一期，頁17。俞偉超、高明，〈周代用鼎制度研究（中）〉，《北京大學學報》，1978年第一期，頁84～87。

〔註48〕陳夢家，〈西周銅器斷代（三）〉，《考古學報》，1956年第一期，頁70～71。

〔註49〕《周禮·天官膳夫》曰：「王日一舉，鼎十有二，物皆有俎。」鄭玄注曰：「鼎十有二，牢鼎九，陪鼎三」。

　　根據以上所論，土地的交易出現於西周中晚期；宗法的崩壞始於西周中期，而以西周晚期為烈；社會階級的變動也始於西周中期，而持續到西周晚期；用鼎制度的破壞，則見於西周晚期。綜合這些現象，可以看出西周禮法制度的變動或破壞，已肇始於西周中期，至西周晚期尤甚，這些變化都與西周中晚期政治與軍事的發展可以相呼應，是西周步入衰亂的徵兆。

第四章　軍事態勢的轉變

第一節　東方的再底定與南方的征伐

　　西周初期，殷人、東夷和淮夷俱叛，周公和成王東征，歷盡艱辛，始平定亂事，而鞏固周王朝的統治基礎。至康王之時，天下大致是平靖的，所以太子晉曰：「康克安之」。但至昭王之時，東夷再度反叛，昭王親自出征，殷八師也出動，才消弭了這場亂事；不過，東夷的反叛，似乎並未眞的帶給周王朝嚴重的威脅，昭王十六年和十九年還南征楚荊，而這兩次的南征並非純粹的軍事征伐，似乎還帶有遊樂性質，由此可以反證東方的動亂並不是很嚴重，周王室壓制之而猶有餘裕。倒是穆王之時，東南方的局勢相當緊張，穆王曾征討徐方，金文也多見用兵淮夷的記載，至穆王之後，淮夷仍時叛時服，構成了周王朝莫大的困擾。由此一局勢的演變可以看出，西周自中期以後，王室面臨的動亂，已由東方轉至東南方的淮夷，關於這些史實的探討，除了典籍的記載以外，金文也提供了許多寶貴的新資料。〔註1〕

　　東夷經過周公和成王的大力撻伐後，已降服於周，但到了昭王時期，又再度騷動起來，昭王曾親自出征，伯懋父和明公等也率軍往征，關連到此一戰役的銅器銘文，有「小臣謎簋」、「明公簋」、「靉鼎」、「御正衛簋」、「旅鼎」和「奪鼎」等。「小臣謎簋」銘文曰：

　　　　啟東尸（夷）大反，白懋父吕殷八自（屯）征東尸。佳十又一月，

────────────

〔註 1〕金文的運用，牽涉到銅器斷代的問題，這方面學者每有見仁見智的不同看法，
　　　　本文當斟酌學者的討論，加以採用。

遺自厝阜，述（遂）東，陣伐海眉，雪戽復歸，才（在）牧ㄓ，白
懋父承（承）王令（命）易自，達征自五齵貝。小臣謎蔑曆罕易（錫）
貝，用乍寶障彝。〔註2〕

此言東夷大反，伯懋父率殷八師征至海濱地區。伯懋父，郭氏謂即康叔之子
康伯髦，〔註3〕可從。關於康伯髦的活動年代，楚靈王曾曰：

昔我先王熊紋與呂伋、王孫牟、燮父、禽父並事康王。〔註4〕

王孫牟即康伯髦，可見康伯髦在康王時期用事，但那時年紀可能尚輕，故稱
為王孫牟，他之被尊稱為「伯懋父」，大概是在康王晚期至昭王時期，因此，
「小臣謎簋」所記東夷大反之事，也該發生在這一段期間，唐蘭透過其他銅
器銘文的連繫，把「小臣謎簋」定在昭王時期。〔註5〕據陳夢家的考證，殷八
師的征伐路線，是沿著泰山山脈或勞山山脈的北麓，轉戰的區域是齊之「海
隅」，當今日掖、黃、福山和榮成等縣之地，五齵貝也在這一帶的海濱鹽鹵之
地。〔註6〕

為了平定這次動亂，昭王本人也親見出征，「雩鼎」銘文曰：

佳王伐東尸，溓公令雩罕史旟曰「呂師氏罕有嗣逡或（後國）戔伐
朕。」雩孚貝，雩用乍（作）簺公寶障鼎。〔註7〕

乃言王伐東夷，溓公令雩和史旟去伐朕，「朕」郭氏釋為「豫」，謂在豫州。
在這次東征中，有一位明公保也率領三族出征，「明公簋」銘文曰：

唯王令（命）朙公遣三族，伐東或（國），才（在）簪。魯戻又（有）
囷工用乍鼒（旅）彝。〔註8〕

明公，郭氏認為即是伯禽，唐蘭不同意他的看法，「令彝」曰：「王令周公子
朙僺尹三事三方，受卿旟（事）寮。」唐蘭認為明保當尹至少是在康王中期以

〔註2〕 《大系考釋》，頁23。
〔註3〕 《大系考釋》，頁24。
〔註4〕 《左傳‧昭公十二年》。
〔註5〕 「令簋」曰：「佳王于伐楚，伯在炎，唯九月既死霸丁丑。」「召尊」曰：「唯
　　　　九月才炎自，甲午，白懋父賜召白馬。」兩件器銘所載的時間都在九月，地
　　　　點也相同，而「令簋」是昭王晚期之器（此點請見後文），所以唐蘭認為這是
　　　　昭王十六年伐楚時，伯懋父尚戍軍於炎自。見〈論周昭王時代的青銅器銘刻〉，
　　　　《古文字研究》第二輯（1981年1月），頁108。
〔註6〕 陳夢家，〈西周銅器斷代（一）〉，《考古學報》第九期（1955），頁35～36。
〔註7〕 《大系考釋》，頁28。
〔註8〕 《大系考釋》，頁10。

後，他很可能是周公的孫子輩，〔註9〕也曾當過太保，〔註10〕「旅鼎」曰：「佳
公大儐來伐夷季，〔註11〕記的就是明公率軍討伐反夷。由金文所見，當時參
與征反夷的將領，還有一位趞，「霥鼎」曰：

> 王令（命）趞戡東反尸（夷），霥肇從趞征，攻闕（躍）無啻，省孕
> 人身，孚（俘）戈，用乍寶障彝。〔註12〕

綜合這些銅器銘文，可以發現東夷這次的反叛，其規模大概相當大，「小臣謎簋」
故有「大反」之語，昭王本人親自出征，往征的將領有多人，「明公簋」稱魯侯
有功，顯見東方諸侯也參與了。由「小臣謎簋」所見，殷八師轉戰於山東半島
北邊沿渤海和黃海等海濱地區，而記公太保伐反夷的「旅鼎」也出土於山東黃
縣萊陰，顯然這一帶是叛亂的中心所在，也就是戰鬥最劇烈之處。這次東夷大
反不知起於昭王何時，但到昭王十六年伐楚之時，猶見伯懋父屯戍於炎自，〔註
13〕炎即郯，陳夢家認為是在今山東歷城龍山鎮，〔註14〕看來這次動亂的餘波一
直持續到昭王晚期。

　　西周初期，軍事發展的重心偏在東方，南方較少顧及，大規模的南進，
始見於昭王時期，然而由於銅器斷代的錯誤，把一批屬於昭王時期的伐楚諸
器，定到成王時代，而把屬於屬王之器的「宗周鐘」，定為昭王之器，〔註15〕

〔註 9〕唐蘭認為據銘文明公是周公的兒子，但周公旦死後，代其在成周地位的是君
　　　　陳，康王初期曾「命作冊畢分居里，成周郊，作畢命」，則明公做尹至少也在
　　　　康王中年以後了。明公和魯侯並稱，則他不是魯侯。周公之職位是世襲的，
　　　　他號「明公」，可見他不是世襲的「周公」，他的地位高，不可能是周公兒子
　　　　輩的其他封國，所以他很可能是第二代周公的兒子。見〈西周銅器斷代中的
　　　　"康宮"問題〉，《考古學報》，1962年第一期，頁18～19。
〔註10〕唐蘭認為明公又叫明保，則保是太保，明是他的名，「御正爵」曰：「唯四月
　　　　既望丁亥，令太儐于御正□貝。」稱為「令太儐」，以別於原來的太保，可見
　　　　召公之後有了新的太保。見〈論周昭王時代的青銅器銘刻〉，頁19、107。
〔註11〕《大系考釋》，頁27。
〔註12〕《大系考釋》，頁20。
〔註13〕請見註4。
〔註14〕陳夢家，〈西周銅器斷代（二）〉，《考古學報》第十冊（1955），頁62。
〔註15〕「宗周鐘」是周王所作之器，其銘文的字體，不類西周前期的肥筆方形，而
　　　　是屬於西周後期的瘦筆方形（見貝塚茂樹，《中國古代史學の發展》，頁356）。
　　　　但由於銘文中有「逆卲王」之語，遂被斷為昭王之器，而銘文最後有「猷其
　　　　萬年」之語，顯見作器者是「猷」，郭氏認為猷即昭王名瑕之本字。孫詒讓和
　　　　唐蘭則都把「逆卲」二字連讀，即「來歸」之意，唐蘭並指出：周初無鐘，
　　　　本銘字體亦不甚古，疑是屬王時器，屬王名胡，胡猷音亦近轉。（郭、孫、唐
　　　　三人的見解，請閱《大系考釋》頁51～52）唐蘭的見解不太為人所接受，但

遂使昭王南進的史實，未獲正確的認識。昭王有過兩次南征，第一次是十六年，金文曰伐反荊，第二次是在十九年，也是伐荊楚，但原因不明，似乎帶點遊樂性質，從這兩次征討的過程和結果來看，荊楚的勢力並不大，因此昭王時期南方可說並沒有什麼大患。

伐楚諸器，《兩周金文辭大系考釋》所收者，計有「令簋」、「夐卣」、「趞尊」、「中甗」和「中鼎」等，由於郭氏將「令簋」定在成王時代，因此，與「令簋」中的人名地名可以相連繫的這些器銘，都被歸入成王時代，此一論斷爲絕大多數的學者所接受，但唐蘭卻提出不同的看法，他創發有名的「康宮」斷代原則，認爲爲這批銅器都是昭王晚期之器。〔註 16〕唐蘭的看法似嫌武斷，然以後出土的金文，卻證實他的看法是正確的，1976 年出土的微史家族銅器，有一件「折觥」銘文曰：

> 佳五月，王在斥。戊子，令乍冊折兄（貺）望土于相侯，易金，易
>
> 臣。揚王休唯王十又九祀，用乍父乙尊，其永寶。〔註 17〕

銘文言十九年王在斥，與「夐卣」所云：「佳十又九年，王在斥」，〔註 18〕完全一致，而作冊折的活動年代，據推測是在康昭時期，主要是在昭王時期，〔註 19〕而康王時期文獻上並無伐楚的記載，所以「令簋」等伐楚諸器都應斷入昭王時代，如此，成王時代就無伐楚之事了。〔註 20〕

1978 年 5 月陝西扶風縣齊家村發現一件周王鑄作之簋，銘文後曰：「㝬其萬年」，器形和字體均屬西周晚期風格，故報告者定其爲屬王㝬簋（羅四章，〈陝西扶風發現西周屬王㝬殷〉，《文物》1979 年第四期，頁 89），1981 陝西扶風縣白家村又發現一件周王鑄作之鐘，銘文後亦曰：「㝬其萬年」，其器形和銘文內容同於前述之㝬簋，報告者因此定其爲屬王之祭器（穆海亭，〈新發現的西周王室重器五祀㝬鐘考〉，《人文雜誌》1983 年第 2 期，頁 118～119）。由這兩件㝬簋與㝬鐘的出土，已可斷定「㝬」即是屬王胡，因此「宗周鐘」也該是屬王所作之器，唐蘭的見解是正確的。

〔註 16〕唐蘭認爲康宮是康王之廟，故全文中凡提及康宮者，皆是康王以後之器，「令彝」中出現了康宮，且其造型書法也比成王時期的銅器晚，故應定爲昭王時器；而同爲令所鑄造的「令簋」，其造型又比「令彝」晚，屬於西周中期以後才大量發展出來的形制，其書法和「㝬馭簋」、「過伯簋」的風格很近，可見它是昭王末年的作品。見〈西周銅器斷代中的"康宮"問題〉，頁 15～21。

〔註 17〕陝西原考古隊，〈陝西扶風莊白一號西周青銅器窖藏發掘簡報〉，《文物》1978 年第三期，頁 3。

〔註 18〕《大系考釋》，頁 14。

〔註 19〕李學勤，前引文，頁 31。

〔註 20〕成王時的「禽簋」銘文曰：「王伐蓋侯。」蓋，郭氏釋爲楚，（《大系考釋》頁

根據《竹書紀年》的記載，昭王伐楚共有兩次，第一次是在昭王十六年，《紀年》曰：

> 周昭王十六年，伐楚荊，涉漢，遇大兕。〔註21〕

第二次是在昭王十九年，《紀年》曰：

> 周昭王十九年，天天曀，雉兔皆震，喪六師於漢。〔註22〕

昭王伐楚之事，在金文裏也獲得了印證，「史墻盤」銘文曰：

> 弘（宏）魯邵（昭）王，廣骹（笞）楚刑（荊），佳（唯）寏（貫）
> 南行。〔註23〕

「史墻盤」銘文歷敘武王至恭王時各王的功業，而把伐楚列爲昭王的大業，可見伐楚是當時的大事。

昭王第一次伐楚是獲勝回去的，〔註24〕而且還擄掠不少東西。〔註25〕昭王的足跡，大概遠至湖北孝感一帶，「中甗」曰：

> 王令中先省南或（國）串行，埶庀在由。史兒至，呂王令（命）曰
> 「余令女（汝）事小大邦，毕又舍女（汝）邦量至邦女（汝）虔小
> 多北。」仲省自方，复德（造）囡邦，在生（霝）自鍊（次）。白
> （伯）買父囡台（以）毕人戍漢巨州，曰段，曰㫃。毕人尺卋夫，
> 毕寋（貯）者言曰，寋（償）囡貝，曰傳从王□休。繛眉又羞令□
> □弄（兵），用乍父乙寶彝。〔註26〕

「中甗」是安州六器之一，出土於湖北孝感一帶，作器者中受命先巡行南方各小大邦，並在由張設王居，而伯買父則戍兵於漢，銘文中之國名地名幾乎都不詳所在，可能是在漢水和孝感之間這一帶；昭王行經之地，也可能在這一帶。

十九年的南征是失敗的，昭王死於漢水上。昭王南征不復的記載，見之

11）陳夢家釋爲蓋，即奄（見〈西周銅器斷代（二），頁59〉，唐蘭也釋爲蓋和奄，見〈論周昭王時代的青銅器銘刻〉，頁109。

〔註21〕《初學記》，卷七，〈地部下〉所引，見《輯證》，頁43。

〔註22〕《初學記》，卷七，〈地部下〉所引，見《輯證》，頁43～44。

〔註23〕裘錫圭，〈史墻盤銘文解釋〉，《文物》1978年第三期，頁25。

〔註24〕「唯叔鼎」銘文曰：「唯弔（叔）從王南征，唯歸。」（唐蘭，〈論同昭王時代的青銅器銘刻〉，頁88。）可見昭王第一次南征安全回去。

〔註25〕「㢑駿簋」、「過伯簋」和「鬲簋」銘文，都記載有所擄獲。（器銘見《大系考釋》，頁53～54。）

〔註26〕《大系考釋》，頁19。

於《竹書紀年》和《左傳》,《紀年》曰:

> 周昭王十九年,天大曀,雉兔皆震,喪六師於漢。

又曰:

> 周昭王末年,夜有五色光貫紫微。其年,王南巡不返。〔註27〕

《左傳》亦曰:「昭王南征而不復。」〔註28〕昭王死於漢水上,則見之於《呂氏春秋》、《帝王世紀》和《史記》等書,《呂氏春秋·音初篇》曰:

> 周昭王親將征荊,辛餘靡長且多力,為王右。還反涉漢,梁敗,王及祭公抎於漢中,辛餘靡振王北濟,又反振祭公。周乃侯之於西翟。

辛餘靡振起昭王,但沒救活,否則典籍不致記載昭王南征不復。《帝王世紀》曰:

> 昭王德衰,南征,濟於漢,船人惡之,以膠船進王。王御船,至中流,膠液解船,王及祭公俱沒於水中而崩。

《史記·周本紀》曰:

> 昭王南巡狩不返,卒於江上。其卒不赴告,諱之也。

從以上的記載,可以發現昭王之死及喪六師,似乎並非因戰鬥的緣故,而是渡江時掉入水中。為何曾掉入水中呢?《帝王世紀》所云船人進膠船之說,不太可信,倒是《呂氏春秋》所言「梁敗」,值得注意;所謂梁,就是橋,昭王渡漢水時,可能是造舟為梁,把船連接起來作為渡橋,而那時的天氣,《竹書紀年》曰:「天大曀,雉兔皆震。」曀,《說文》曰:「陰而風也」,大曀,是指天氣陰霾而風勢強勁,在這種天侯下,這樣的船梁是可能崩解的,而且昭王之死,〈周本紀〉曰:「其卒不赴告,諱之也」,或許是昭王並非死於戰爭,而是死得這麼不光彩,所以才不好意思通告諸侯。〔註29〕

昭王兩次伐楚的動機為何,已難詳考,十六年的南征,「迴伯簋」銘文云「伐反荊」,則戰爭乃由楚荊反叛所引起,但楚荊又為何反叛?《楚辭·天問》曰:

> 昭后成遊,南土爰底,厥利為何,逢彼白雉?

雉為兕之譌,《竹書紀年》記昭王十六年涉漢遇大兕,大概是逢此白兕,楊寬解這段話說:「(天問)蓋謂昭王初遊楚而逢白兕以為福利。乃其再遊,竟沒不

〔註27〕《太平御覽》,卷八七四,〈咎徵部〉所引,見《輯證》,頁44。

〔註28〕《左傳·僖公四年》。

〔註29〕以上參閱唐蘭,〈論周昭王時代的青銅器銘刻〉,頁113。

返，是逢彼白兕，於昭王果何利哉？」〔註30〕則據天問之語，似見昭王之南征，並非純粹的軍事平亂，恐怕還帶有遊樂性質，尤其是第一次南征，擄獲了不少東西，可能由此誘發第二次的南征，而且從「中甗」銘文的記載來看，當時南方也並沒有什麼特別的亂事，中受命先造訪各小大邦，以爲王之前導，可見當時南方的各小大邦並沒有反叛，而中在甶設应，应類似後世帝王的行宮，是王臨時居住之所，常見於昭穆時代，中在甶張設王居，以備昭王來時居住，也瞧不出有戰爭的氣氛。從以上兩點來看，所謂昭王「南征」，是否爲純粹的軍事目的，是很值得懷疑的。

　　昭王所伐之荊楚，是否爲春秋時代的楚國，乃西周史上的一大公案。齊桓公伐楚，向楚人問罪曰：「昭王南征而不復，寡人是問！楚人答曰：「昭王之不復，君其問諸水濱！」〔註31〕杜預注曰：「昭王時漢非楚境，故不受罪。」顧祖禹也曾說過，西周夷王時，楚人勢力不可能逾漢而北，〔註32〕論者遂謂昭王時所之荊楚，非後世之楚國。〔註33〕持此觀點的人，都是認爲昭王時南方的敵患猖獗，故昭王伐楚是周人向南經略的重要舉措，而楚國當時只是僻處荊山的小國，根本不可能對周王朝造成威脅，故昭王所伐之楚，當另有其國。檢討他們之所以會持此觀點，一方面是受「宗周鐘」的影響，以爲昭王時南國服子率領東夷南夷大小二十六邦大反，情勢嚴重，一方面是認爲昭王戰死漢水，可見敵勢甚強；其實，根據前面的討論，「宗周鐘」是屬王自作之器，非昭王之器，而昭王之死於漢水，乃因天侯的關係，非戰爭的緣故，當時南方並沒有什麼特別的亂事。依據這個觀點，可以重新衡量昭王所伐之荊楚，是否有可能是春秋時代的楚國。西周初期楚國尚處於開闢草莽的階段，子革曰：

　　　　我先王熊繹，辟在荊山，蓽路籃縷，以處草莽。〔註34〕

〔註30〕楊寬，《天問疏證》（台北，木鐸出版社，民國71年2月），頁97。

〔註31〕事見《左傳·僖公四年》。

〔註32〕顧祖禹，《讀史方輿紀要》，卷一七。

〔註33〕例如杜正勝先生就持此觀點，見〈周代封建的建立〉，頁522～527。又如1977年10月湖北黃陂魯台山發現一處西周遺址，以遺址的大小及用鼎的等級而論，是屬於一個諸侯國的遺址，而且其等級還相當高，根據銅器銘文，這是一個非姬姓的國家，王光鎬因此認爲這個方國家就是昭王所伐的「荊」，而有別於後世的「楚」。見〈黃陂魯台山西周遺存國屬初論〉，《江漢考古》，1983年第四期，頁67～68。

〔註34〕《左傳·昭公十二年》。

時約當成王之時，此後楚國大概一直在荊山地區發展，直到夷王之時，版圖才逾漢水而北，〔註35〕因此，昭王之時，楚可能還是僻處荊山的小國。但也不能就此認為楚國不可能為周所伐，根據《竹書紀年》和《呂氏春秋》所載，昭王兩次南征，均曾涉漢水，兵鋒及於漢水以西，荊山距漢水並不很遠，昭王是有可能與楚人相接觸的。齊桓公以昭王南征不復責問楚人，楚人僅答以問諸水濱，卻沒有否認彼時之楚不是他們，可見昭王所伐之楚，很有可能即是春秋時代的楚國。

周初，淮夷反周，經過周公成王的討伐，已降服於周，但至穆王時期，淮夷再度反叛，由文獻和金文的記載來看，當時的情勢相當緊張。穆王親征過徐方，毛公三年靜東國，伯雄父戍軍於古𠂤，伯屖父以成周師伐南夷，敔禦淮戎搏胡戎，似乎整個淮夷都騷動起來。這些事件除了穆王伐徐有年代可稽外，其他均不知發生於何年，但把這些事件合在一起看，也可以推想穆王時期東南方的局勢很動盪不安。

淮夷的亂事以徐夷為主，著名的領袖是徐偃王，文獻上多記載其事，《韓非子‧五蠹篇》曰：

> 徐偃王處漢東，地方五百里，行仁義，割地而朝者三十有六國，荊文王恐其害己也，舉兵伐徐，遂滅之。

《淮南子‧人間訓》曰：

> 昔徐偃王好行仁義，陸地而朝者三十二國，王孫厲謂楚莊王曰：「王不伐徐，必反朝徐。」……（楚王）乃舉兵而伐徐，遂滅之。

《史記‧秦本紀》曰：

> 造父以善御幸於周繆王，……西巡狩，樂而慧忘歸。徐偃王作亂，世父為繆王御，長驅歸周，一日千里以救亂。

〈趙世家〉曰：

> 繆王使造父御，西巡狩，見西王母，樂之忘歸。而徐偃王反，繆王日馳千里馬，攻徐偃王，大破之。

在徐偃王之前，徐國也出現一位駒王，聲威頗盛，春秋時的徐大夫容居曾自豪地說：

〔註35〕《史記‧楚世家》曰：「當周夷王之時，……熊渠甚得江漢間民和，乃興兵伐庸、楊、粵，至于鄂。」庸在今湖北竹山縣。鄂，或說西鄂（河南鄧縣），或說東鄂（湖北隨縣），但皆在漢水之北或東。

昔我先君駒王西討，濟於河。〔註36〕

乃言駒王率軍西討，直抵黃河之北。《後漢書‧東夷傳》綜合諸家之說曰：

後徐夷僭號，乃率九夷以伐宗周，西至河上。穆王畏其方熾，乃分
東方諸侯，命徐偃王主之。偃王處潢池東，地方五百里，行仁義，
陸地而朝者三十有六國。穆王後得驥騄之乘，乃使造父御以告楚，
令伐徐，一日而至。於是楚文王大舉兵而滅之。偃王仁而無權，不
忍鬥其人，故致於敗。乃北走彭城武原縣東山下，百姓隨之者以萬
數，因其名為徐山。

以上各書所言徐偃王的時代，並不太一致，《韓非子》言荊文王，《淮南
子》言楚莊王，《史記》和《後漢書》皆言周穆王，楚文王和莊王是春秋時人，
與周穆王的年代相去甚遠，兩說根本無法調和。不過，《左傳》言春秋諸國事
頗詳，卻不見徐偃王之事，則徐偃王之傳說應歸之於穆王時代較恰當，何況
穆王還大舉興師伐過徐。穆王伐徐之記載見於《竹書紀年》，《紀年》曰：

周穆王三十七年，伐紂，大起九師，東至于九江，叱黿鼉為梁而渡。
〔註37〕

紂，為紓之誤，即徐。〔註38〕九師，指師旅眾多；九江，不詳所在。此條所記
討伐之國，各書所引有很大的岐異，或作「伐楚」、「伐大越」、「伐荊」，〔註39〕
據徐炳昶考證，認為穆王所伐之國應是徐方，而非越或楚。〔註40〕穆王曾在塗
山舉行軍事大會，左傳曰：「穆有塗山之會」，〔註41〕塗山，杜注在壽春東北，
在今安徽北部，穆王在此舉行軍事大會，可能就是為了征伐徐方。

由金文所見，穆王時期東南方頗不平靜，「班簋」銘文曰：

佳八月初吉才宗周，甲戌王令毛白更虢城公服，粵王位，乍四方極，
秉繁、蜀、巢，令易矜，鞶，咸。王令毛公以邦冢君土馭𢨗人伐東
或瘠戎，咸。王令吳白曰：「以乃自左比毛父」。王令呂伯曰：「以乃
自右比毛父」。趞令曰：「以乃族從父征，出城，衛父身。」三年靜

〔註36〕《禮記‧檀弓下》。
〔註37〕《文選‧恨賦》所引，見《輯證》，頁50。
〔註38〕見《輯證》，頁51。
〔註39〕見《輯證》，頁49～51。
〔註40〕徐炳昶，《中國古史的傳說時代》（台北，仲信出版社），第五章〈徐偃王與徐
　　　　楚在淮南勢力的消長〉，頁172～173。
〔註41〕《左傳‧昭公四年》。

> 東或，亡不成斁天威，不畀屯陟。公告厥事于上：「佳民亡出才彝悉天令，故亡允才，顯佳敬德，亡逌違。」班拜稽首曰：烏虖，不环丮皇公，受京宗懿釐，毓文王王姒聖孫，登于大服，廣成厥工：文王孫亡弗懷井，亡克競厥刺。班非敢覓，佳乍卲考爽益曰大政，子子孫多世其永寶。〔註42〕

乃言王命毛父伐東國痟戎，並派吳伯、呂伯和趞各以其師或族從毛父出征，毛父經過三年才底定東國。銘文中的毛伯、毛父、毛公和班，都該是同一人。郭氏定此器爲成王時器，因他以爲毛公即尚書顧命之毛公，亦即文王子毛叔鄭，並認爲痟戎即奄人。〔註43〕但有多位學者認爲它是穆王時器，〔註44〕唐蘭認爲痟戎非奄人，因奄人已被周公成王所踐，不可能再出現，他說痟即「厭」字，應讀爲「偃」，「厭戎」應該是徐偃王，〔註45〕唐蘭的說法流於牽強附會，不太可信。痟戎是指那一部族，已難考證，但銘文中前頭出現繁、蜀和巢三個國名，郭氏指出：繁亦國名，大率在南國，巢地在今安徽巢湖附近。〔註46〕則毛公所伐之痟戎，應該與這兩個國家有地緣上的關係，易言之，痟戎可能是淮水流域的部族。銘文言「三年靜東國」，可見這次的征伐相當棘手，痟戎騷動的規模可能也相當大，才需費時三年以定之。

穆王時期的金文中，可以確定淮夷反叛的有多件，淮夷一度入侵，王遣大軍以禦之。「彔戜卣」曰：

> 王令戜曰：「𠭰，淮尸（夷）敢伐內國，女（汝）其吕成周師氏戍于𠦪自。」白雒父蔑彔曆，易（錫）貝十朋。（下略）〔註47〕

乃言淮夷入侵，王派彔戜率成周師氏，隨伯雒父駐屯在古自。結合「彔戜卣」、「彔簋」、「稽卣」、「遇甗」、「臤觶」和「鼒鼎」諸器，可知這次戰役的主帥

〔註42〕陳夢家，〈西周銅器斷代（二）〉，頁54～55。

〔註43〕見《大系考釋》，頁21。

〔註44〕楊樹達和于省吾都認爲作器者班，就是穆天子傳中的毛伯班，見楊著《積微居金文說》，頁122～123；于省吾，〈穆天子傳新證〉，《考古社刊》第六期，頁283，後來于省吾又寫了〈毛伯班簋考〉（收於《辛巳文錄初集》），仍定爲穆王時器。唐蘭也認爲班簋應屬於穆王時期（見〈西周銅器斷代中的的「唐宮」問題〉，頁41）。李學勤亦謂：「豐尊、豐卣和班簋、盂簋，銘文字體風格都相近，其爲同時制作實甚爲明顯。班簋有的學者已指出是穆王時器，於此得到進一步的證明。」（見〈西周中期青銅器的重要標尺〉，頁34）。

〔註45〕唐蘭，〈西周銅器斷代中的"康宮"問題〉，頁41。

〔註46〕見《大系考釋》，頁21。

〔註47〕見《大系考釋》，頁61。

是伯雄父，駐軍要津在古自，還有一個盟邦胡國。「榖卣」銘文曰：

> 榖從師雄父戍于古自，蔑曆，易貝世孚。〔註48〕

「遇甗」銘文曰：

> 佳六月既死霸丙寅，師雄父戍才古自，遇從。師雄父肩史（使）遇
> 事于獻尿，蔑遇曆，易遇金，用乍旅甗。〔註49〕

乃言師雄父戍軍於古自，六月派遇去與胡侯接觸，大概是商討合作事宜，五個月後，師雄父領軍征討至胡，「甗鼎」銘文曰：

> 佳十又一月，師雄父徣衛（導）至于獻。甗從。（下略）〔註50〕

到了十三月，又見師雄父戍於古阜，「叟觶」銘文曰：

> 佳十又三月既生霸丁卯，叟從師雄父戍于斜自之年，叟穫曆，仲競
> 父易赤金。（下略）〔註51〕

「彔簋」銘文亦曰：

> 白雄父來自獻，蔑彔曆，易赤金。〔註52〕

從這些銅器銘文來看，這次戰事的起因是淮夷入侵，王命伯雄父伐之，六月時伯雄父駐屯於古自，派人與胡侯相接觸，到了十一月才領軍征討至胡，大概過了一、兩個月，伯雄父又回去屯戍於古自。這些銅器銘文都沒有記載戰鬥之事，似乎伯雄父並沒有與敵人做過正面的接觸，便很順利地進展至胡，這可能是他與胡侯先有所聯絡，而使敵勢稍退的緣故。伯雄父後來又回去屯戍於古自，也顯示亂事尚未平靜，仍需戍兵於古自以鎮壓之。古自，丁山以為在河南固陵和苦縣之間，〔註53〕徐中舒以為當釋作甫，在河南葉縣，〔註54〕兩處相距頗遠，然皆在成周東南，淮水上游一帶。胡，更在古自之南，可能即是歸姓的胡國，故城在今安徽阜陽縣。〔註55〕從這兩處地望來看，這次淮夷騷動的地區，大概是在淮水中游一帶。

另一件「競卣」，也見伐南夷的記錄，銘文曰：

〔註48〕見《大系考釋》，頁60。
〔註49〕見《大系考釋》，頁60。
〔註50〕見《大系考釋》，頁59。
〔註51〕見《大系考釋》，頁61。
〔註52〕見《大系考釋》，頁62。
〔註53〕丁山，《殷周氏族方國志》（台北，大通書局），頁146～148。
〔註54〕徐中舒，〈禹鼎的年代及其相關問題〉，《考古學報》，1959年第三期，頁59。
〔註55〕見陳槃，《春秋大事表列國爵姓及存滅表譔異》（中央研究院歷史語言研究所
　　　　專刊之五十二，民國48年4月），冊五，頁457。以下簡稱《譔異》。

隹白犀父𠭯成𠂤即東，命伐南夷。正月旣生霸丑，才鄦，白犀父皇（衡）競各于官。（下略）〔註56〕

郭氏云「作器者之競與臤觶之仲競父殆亦一人」，此處只稱競，又受伯犀父提擧，則作器時間可能比臤觶早，如此，這次伐南夷恐怕也早於伯雝父之戍軍於古自。

比「遹鼎」諸器年代還要晚的「㲃方鼎」和「㲃簋」，亦見禦淮戎和搏胡戎的記錄，這兩件銅器1975年出土於陝西扶風縣，「㲃簋」銘文曰：

隹六月初吉乙酉，才（在）𠂤（堂）𠂤，戎伐𢿷，㲃達（率）有嗣（司）、師氏㚔（奔）追𨙶（御）戎于𩾀（棫）林，博（搏）戎䤵。（中略）隻（獲）馘百，執𡃴（訊）二夫，孚（俘）戎兵。（中略）凡百又（有）卅又（有）五款，寽（捋）戎孚（俘）人百又（有）三（四）人。（下略）〔註57〕

「㲃方鼎」銘文曰：

㲃曰：「烏（呼）虖（呼）！王唯念㲃辟剌（烈）考甲公，王用肈吏（使）乃子㲃達（率）虎臣御（御）淮（淮）戎。（下略）〔註58〕

這兩件銅器銘文記載的是同一個戰役，淮戎來侵，㲃率軍禦之於棫林，作戰的對象是胡戎，胡戎或即上文所說的胡國，那時它是周的盟邦，現在卻又反目相向，由「㲃簋」所記俘獲的數量來看，這次戰役的規模似乎並不大。作器者㲃似乎是初襲父職，發掘報告者以爲與上文的彔㲃或是同一人，但根據杜正勝先生的考證，彔伯㲃應爲㲃之父，他們是父子關係。〔註59〕如果㲃是彔伯㲃之子，那麼，搏胡戎之役，可能發生在穆王晚期，或是恭王時期。

根據本節以上的討論，可以發現在西周中期的昭穆時代，軍防的重心已由東方轉至東南方，雖然昭王時代東夷仍大反一次，昭王親自出征，殷八師也出動，往征的將領有多人，但周王室似乎壓制之而猶有餘裕，此觀昭王十六年𢢃父戍軍於炎𠂤時，昭王已南征荊楚，可以得證。再者隨昭王南征的啓，其器出土於山東黃縣，他應當是從這裏出發隨王南征的，由此也可見當時東

〔註56〕見大系考釋，頁66。

〔註57〕羅西章、吳鎭烽、雒忠如，〈陝西扶風出土西周伯㲃諸器〉，《文物》1976年第六期，頁53～54。

〔註58〕羅西章等，前引文，頁52。

〔註59〕杜正勝，〈周代封建制度的社會結構〉，頁577～578。

方的動亂，已大致底定，伯懋父戍軍於古自，只是為防範昭王南征時東夷會再趁機騷動。而東夷這次大反被平定後，終西周一代未再見大規模的反叛，也反映出這次的征討相當徹底成功。

就南方和東南方而言，昭王雖南征兩次，但各種資料顯示，當時的南方並沒有什麼特別的動亂，所謂的昭王「南征」，恐怕並不是純粹的軍事平亂，所以昭王時代的南方和東南方，大致上是平靜的。至穆王時期，東南方呈現非常緊張的局面，穆王伐過徐，毛公三年靜東國，伯雄父戍軍於古自，此外還有伐南夷、搏胡戎的記載。由這些用兵的地點來看，當時騷亂的地區，似乎是在淮水中游一帶。雖然穆王時代東南方的局勢激盪不安，但經過穆王的討伐鎮壓，局勢又穩定下來，直到夷王時期，才又見淮夷的大規模反叛。

第二節　戎患的漸興與夷患的再起

西周初期的軍事發展特質，是全力東進，而對北採取守勢。周初北方的兩大封國是唐和邢，唐就是後來的晉，封於夏墟，卻一直「拜戎狄而不暇」，〔註60〕至晉獻公時才大啓戎土。邢國也沒有往北發展，至春秋時代，迭遭狄人攻擊，差一點亡國，此一情勢的發展迥異於東方。然西周初期北方亦非不見烽火，成康之時，北方曾發生過兩次大戰役，成康之際的「臣諫簋」銘文曰：

> 佳戎大出（于）軝，井（邢）侯厝（搏）
>
> 戎，延（誕）令臣諫曰□□亞
>
> 旅處于軝，（從）王□□。（下略）〔註61〕

乃言戎人大舉來犯，邢侯禦之，諫受命率軍出居於軝。軝，李學勤等認為可以通泜，故軝國乃由地處泜水（今之槐河）流域而得名。這次戰役的結果未知如何，戎人可能被擊退。康王二十五年的「小盂鼎」，則記載大破鬼方，銘文曰：

> 佳八月既望，辰才甲甲，昚奮，三左三右、多君、入服酉，明，王
>
> 各周廟，□□□賓，祉邦賓障其旅服，東卿。盂曰多旗佩戈□□□
>
> □□□王門，告曰王□盂曰□□伐畎方，□□□□□（執醻）三人，

〔註60〕《左傳・昭公十五年》。

〔註61〕李學勤、唐雲明，〈元氏銅器與西周的邢國〉，《考古》1977年第一期。

隻（獲）馘三千八百□二馘，孚（俘）人萬三千八十一人，孚（馬）
□□匹，孚車十兩（輛），孚牛三百五十五牛，羊廿八羊。盂或（又）
□□□□□□孚□我征，執嘼（訊）一（人）隻馘百卅七馘，（孚人
□□□人），孚（馬）百三匹，孚車百□兩。（下略）〔註62〕

乃言盂受命攻伐鬼方，經過兩次的戰鬥，斬殺四千八百多人，俘人達一萬三
千零八十一人之多，可見此次戰行的規模非常大，而鬼方經此嚴重打擊，大
概從此一蹶不振。

自康王之後，北方大抵平靜了很長的一段時間，直到懿夷之時，才又見
與戎人交鋒的記載，惟其間曾發生穆王征討犬戎之事，《國語》曰：

穆王將征犬戎，祭公謀父諫曰：「不可」，……王不聽，遂征之，得
四白狼，四白鹿以歸，自是荒服者不至。〔註63〕

《史記·匈奴列傳》的記載，與此雷同。《竹書紀年》亦有此記載，《後漢書·
西羌傳》曰：

至穆王時，戎狄不貢，王乃西征犬戎，獲其五王，又得四白鹿，四
白狼，王遂遷戎于太原。〔註64〕

戎人之再為患，似見於懿夷之時，《漢書·匈奴傳》曰：

懿王時，王室遂衰，戎狄交侵，中國被其苦；詩人始作，疾而歌之
曰：「靡室靡家，玁狁之故；豈不日戒，玁狁孔棘。」

當時戎狄之患，有否如此嚴重，殊值得懷疑。因為由其他資料所見，截至夷
王時期，周王朝與戎狄的交鋒，尚佔上風，戎狄為患之烈，始為厲王時期，
而且所引之詩是《小雅·采薇》，乃宣王時詩，因此《漢書·匈奴傳》此條記
載不太可靠。一九八一年出土於陝西扶風縣的「師同鼎」，年代在懿夷之間，
記載伐戎之事，銘文曰：

犁畀其井，師同父從，折首問訊，孚車馬五乘，大車廿，羊百，牣用
徉王羞于龜；孚戎金胄卅，戎鼎廿，鋪五十，錀廿。（下略）〔註65〕

乃言師同從征戎人，小有斬獲。李學勤認為此器為西周中期器，器主師同與
「師永盂」裏的師同該是一人，師同的年代大概在懿夷之間，銘文內的戎，

〔註62〕見《大系考釋》，頁35。
〔註63〕《國語》，卷一，〈周語上〉。
〔註64〕《後漢書·西羌傳》此文大概是隱括《紀年》之語，見《輯證》，頁46。
〔註65〕李學勤，〈師同鼎試探〉，《文物》1983年第六期，頁58。此鼎銘文不全，可
能是後半部。

應該就是玁狁一類的北方民族。夷王之時，也有伐戎的記載，《竹書紀年》曰：

> 夷王衰弱，荒服不朝，乃命虢公率六師，伐太原之戎，至于俞泉，
>
> 獲馬千匹。〔註66〕

西周中期，戎人之爲禍，顧亭林以爲與穆王徙犬戎於太原有關，其言曰：「吾讀竹書紀年，而知周之世有戎禍也，蓋始於穆王之征犬戎，六師西指，無不率服。于是遷戎于太原，以黷武之兵而爲徙戎之事。懿孝之世，戎軍屢徙。至夷王七年，虢公帥師伐太原之戎，至于俞泉獲馬千匹，則是昔日所內徙者，今爲寇而征之也。」〔註67〕顧氏之論，有兩點可議之處：第一，將戎人之爲禍，歸咎於穆王徙犬戎於太原，失之武斷。據《竹書紀年》的記載，王季曾伐過燕京之戎、余無之戎、始乎之戎和翳徒之戎，這些戎大率在山西，可見山西地區原本就存在有不少戎，晉人自己也說拜戎狄不暇，前述「臣諫簋」銘文所記犯周之戎人，可能就是來自山西東南部。因此，戎人之爲禍，它族也有可能，不必一定指爲犬戎。第二，審《竹書紀年》之語，夷王之所以伐太原之戎，乃因荒服不朝之故，非戎人爲寇也。

事實上，根據以上數條記載，可以發現西周中期的戎患並不嚴重，《漢書·匈奴傳》記懿王時戎狄交侵，其本身的正確性即屬可疑；「師同鼎」記伐戎得到勝利，不知伐戎的原因何在；夷王伐太原之戎，乃主動攻擊。從這些記載，幾乎找不出戎人有爲禍周王朝的跡象，近人有謂，恭懿孝夷時代，對外關係方面，北邊外患日亟，〔註68〕是不確之論。以現有的資料而論，西周中期北方幾無外患，即使有也不嚴重，反倒是周王室曾兩次主動討伐戎人。西周自晚期起，北方的外患突然加劇，這種局勢的急遽轉變，或許就與西周中期周王室幾度征討戎人有關。

夷王時期，淮夷再度大反，就金文資料所見，夷王曾伐南淮夷，原因不明，當時有一盟邦鄂國，夷王與鄂侯很交好，後來鄂侯竟率南夷和東夷大反，王命西六師和殷八師征之，武公也派兵助征，卒擒獲鄂侯，關連到這些事件的銅器銘文有「噩侯鼎」、「敔簋」、「禹鼎」和「翏生盨」等，這幾件銅器的斷代，有夷王和厲王時代之不同主張，〔註69〕劉翔認爲這些器的年代，只能

〔註66〕《後漢書·西羌傳》所引，見《輯證》，頁54。
〔註67〕顧炎武，《日知錄》（台北，文史哲出版社，民國68年4月），卷三，「太原」條，頁71。
〔註68〕許倬雲，前引書，頁187。
〔註69〕前三器郭氏定爲夷王時器（見《大系考釋》，頁107～110）。徐中舒則認爲前

定在夷王，而不是厲王，〔註70〕其理由相當堅強，今從之。這四件銅器可分為兩組，「噩侯鼎」和「翏生盨」記王征南淮夷，「禹鼎」和「敔簋」則記鄂侯（即噩侯）反叛入寇之事，「翏生盨」銘文曰：

　　王征南淮夷，伐角、僪（津）

　　伐銅，遹（遹）。翏生從，執訊

　　折首，孚戎器，孚金。（下略）〔註71〕

角、津、遹，其地不詳，桐國則在今安徽舒城縣和桐城縣一帶，處於淮水以南，看來夷王這次的南征，已逾淮水而南，所伐之國，大概在江淮之間。「噩侯鼎」亦記王南征，銘文曰：

　　王南征，伐角僪。唯澴（還）自征，才牸（坏）。噩侯駿方内（納）

　　豊（醴）于王，乃儔（祼）之。駿方晉（侑）王。王休屖（宴），乃

　　射，駿方卿王射。駿方休闌，王宴。咸畬（飲）。王親易（錫）駿（方

　　玉）五瑴、馬三匹、矢五（束）。（下略）〔註72〕

乃記王征淮夷，歸還在牸，鄂侯予以豐盛的款待，由此可以看出夷王與鄂侯非常交好。夷王時期有一件「鄂侯簋」，銘文曰：「鄂侯乍王姞媵簋，王姞其萬年子子孫孫永寶用。」〔註73〕可見鄂國是姞姓，而且與王室通婚，徐中舒因此說：「噩爲申伯就封以前，周王室即倚以控制南淮夷東夷諸國，王因與噩通婚以寵異之。」〔註74〕

　　穆王時期，淮水地區有一盟邦胡國，在伯雄父伐夷時起了作用，夷王時期又出現這個鄂國，其地位比胡國更重要，所以王室才需跟它聯姻以籠絡之。

三器屬於厲王時代（見〈禹鼎的年代及其相關問題〉）。李學勤認爲將「噩侯鼎」等暫列於夷王時，「禹鼎」等列於厲王時較合適（見〈論多友鼎的時代及意義〉，《人文雜誌》，1981 年第六期，頁 90）。「翏生盨」是晚出之器，所記征伐之事與「噩侯鼎」同。

〔註70〕劉翔所持的理由有二：第一，這些銅器及與其有關之銅器的紋飾，大都屬於西周中期偏晚的風格，像「禹鼎」就很明顯；第二，鄂國非河南鄧縣之西鄂，而是東鄂，地望在湖北隨縣與鄂城縣之間，史記楚世家曾載熊渠興兵至于鄂，事在夷王之時，那時鄂國巳不存在，故滅鄂之事應在夷王之時，不會晚到厲王時代。見〈周夷王經營南淮夷及其與鄂之關係〉，《江漢考古》，1983 年第三期，頁 43～44。

〔註71〕馬承源，〈關於翏生盨和者減鐘的幾點意見〉，《考古》1979 年第一期，頁 6。

〔註72〕見大系考釋，頁 107。

〔註73〕見大系考釋，頁 108。

〔註74〕徐中舒，前引文，頁 63。

但是，同在夷王之時，鄂侯竟率南淮夷和東夷大反，「禹鼎」銘文曰：

> 禹曰：「不顯趄（桓）皇且穆公，克夾召先王，奠（定）四方。肄（肆）
> 武公亦弗叚（遐）朢（忘）朕（朕）聖且考幽大叔、懿叔，命禹仳
> （肖）朕且考政于井邦，肄禹亦弗敢惷（惷），睗（錫）共朕辟之命！」
> 烏哀哉！天降大喪於下或！亦唯噩（鄂）医駿方率南淮尸東尸，廣
> 伐南或東或，至於歷寒。王迺命西六自、殷八自曰：「嗣（裂）伐噩
> 医駿方，勿遺壽幼。」肄自彌宋（怵）匌匡（恒）弗克伐噩，肄武
> 公迺遣禹率公戎車百乘，斯（廝）駿言，徒千，曰：「于匡（將）朕
> 肅慕惷（惠）西六自、殷八自，伐噩医駿方，勿遺壽幼。」雩禹吕
> 武公徒駿至於噩。辜（敦）伐噩，休隻屰君駿方，颪禹又（又）成，
> 敢對颪武公不顯耿光。（下略）〔註75〕

乃言鄂侯駿方率南淮夷、東夷大反，王命西六師和殷八師征伐，不料王師竟
畏卻不前，武公乃派遣禹率其戎車百乘，徒御千人，協助討伐，結果擒獲了
鄂侯駿方。對於鄂侯駿方這次的叛亂，夷王是深惡痛絕的，故命以勿遺老幼，
要趕盡殺絕。從鼎銘的內容來看，這次反叛的陣容相當浩大，似乎整個淮水
流域的夷人俱反，東南方和南方俱受其侵擾，據「敔簋」銘文所載，夷患曾
深入兩周之間，可見其聲勢甚盛。在此情況下，西六師和殷八師受命伐鄂，
竟然畏卻不前，還是武公派兵增援才能克敵致勝，可見王軍的武力已經廢弛，
而武公所派出兵力並不多，其作用大概是擔任前鋒攻擊的任務，以帶動王軍
的士氣。武公，舊以爲是衛武公，李學勤認爲武是他的族姓，武公是他的爵
稱，而非諡號，〔註76〕武公的年代約當夷厲之世，在「多友鼎」銘文中，亦
見他出兵追擊來犯的玁狁。

這次鄂侯事件，淮夷入寇很深，「敔簋」銘文曰：

> 佳王十月，王才成周。南淮尸（夷）遷（遷）殳，内（入）伐洰鼎
> （昂）、裕、敏隆（陰）、陽洛。王令敔追綑（御）于上洛、悆谷，
> 至于伊、班。長榜（榜）戴首百，執噈卌，季（俘）人三百，鼎（昌）
> 于焂白之所，于悆衣津，復付屰君。佳王十又一月，王各（格）于
> 成周大廟。武公入右敔告禽，或（馘）百噈卌。（下略）〔註77〕

〔註75〕徐中舒，前引文，頁53。

〔註76〕李學勤，〈論多友鼎的時代及意義〉，頁89。

〔註77〕見《大系考釋》，頁109。

郭氏謂上洛即上雒，在今陝西商縣，怒谷則析下注鞠水所出之析谷。這次作戰的地點在陝西東南和河南西部一帶，接近宗周和成周，可見淮夷入寇甚深。就整個鄂侯事件來看，淮夷大概侵入到伊水上游一帶，王命敔擊退之，然後再遣西六師和殷八師直搗鄂國，作擒賊擒王的打算，不料王軍畏於敵方的聲勢，竟梭巡不前，逮武公派軍協助征討，才擒獲鄂侯馭方。這次的動亂，大概在鄂侯馭方被擒獲後，暫時平定下來，但到厲王時又爆發大規模的動亂。

綜觀西周中期的外患情形，北方幾乎一直維持安定的局面，直到中期末葉，才稍見騷動的跡象。在東方，昭王時期東夷曾夷反一次，但此後就再未見到大規模的反叛，這一點恐怕要歸因於周人在這裏建立好多個大小封國，發揮了穩定的作用。跟北方和東方的情勢相比，西周中期東南方的局勢，就要顯得嚴重多了，穆王時期，淮夷騷動，情勢非常緊張，夷王時淮夷再度反叛，夷禍直逼兩周之間，情勢更加嚴重，因此，西周中期的軍防重心，實際上已由東方轉到東南方。然而對於淮夷時服時叛的問題，周王朝一直沒有加以徹底解決，因此，厲、宣時期，淮夷又各大反一次。雖然這些動亂都被平定了，但如此時叛時服，要消耗掉周王朝不少的國力，尤其宣王時一面征伐玁狁，一面又要討伐淮夷，雖然獲得不少勝仗，但實已陷於兩面作戰的窘境，這恐怕是造成日後對戎人作戰作失利的重大原因。宣王之後，西周幾乎不旋踵即亡於戎禍（僅有十一年），實不能只從幽王一朝考察，或歸咎於幽王一人之措失當，自宣王晚期起，王室對戎人的戰爭，一直居於劣勢，亦為西周覆亡的重要原因，而此一態勢之形成，即與討伐淮夷有很大的關連。

第五章 南北外患的交侵與西周的覆亡

第一節 南北外患的交侵

　　西周晚期的外患，較西周中期大爲嚴重，叛服不定的淮夷，在厲、宣時期，仍各大反一次。但與西周中期迥異的是，北方的外患突然加劇，形成南北交侵的局面。面對此一局勢，周王室也全力應付，南方兩次的騷亂都被平服下來，但對北方的征討，卻是勝負互見，不盡順利。尤其是宣王晚年，由於征討轉趨失利，戎人勢力大爲猖獗，其影響甚爲深遠，而直接導致西周的覆亡，此一情勢的演變頗爲曲折，值得深入探討。

　　夷王時期，鄂侯馭方率淮夷和東夷大反，情勢相當嚴重，後來鄂國被滅，亂事似乎平定下來，但是至厲王之時，淮夷再度反叛，典籍與金文皆有記載。《後漢書·東夷傳》曰：

　　　　厲王無道，淮夷入寇，王命虢仲征之，不克。

金文則記厲王親自出征，「無曩簋」銘文曰：

　　　　佳十又三季正月初吉壬寅，王征南尸（夷）。（下略）〔註1〕

「虢仲盨」銘文亦曰：

　　　　虢仲吕王南征，伐南淮夷，才成周。（下略）〔註2〕

這大概是因爲虢仲征討無功，所以厲王才親自出征。厲王這次征討南淮夷的戰果，無詳細資料可稽，但「宗周鐘」所記的戰役，似乎與此有關，其銘文

〔註 1〕《大系考釋》，頁120。
〔註 2〕《大系考釋》，頁120。

曰：

> 王肇遹省（省）文武，堇（勤）疆土。南或（國）艮戁敢臽虐我土。
> 王章伐其至，戮伐厥都。艮戁迺遣閒來逆邵王，南尸（夷）東尸（夷）
> 具見，廿又六邦。佳皇上帝百神，保孚（余）小子。（中略）斁其萬
> 年，畯（畯）保三或（域）。〔註3〕

此言南國服子侵犯周朝領土，於是王反擊之，並迫伐其都，服子乃遣使者見
王，南夷東夷二十六邦也一齊晉見。張政烺認為「宗周鐘」雖無年月，但銘
文首云：「王肇遹相文武勤疆土」，則當作於厲王親政之初期，而鐘銘又云：「惟
皇上帝百神保余小子」，自稱小子則非壯年或老年之言，厲王時器「無㝅簋」
言十又三年王征南夷，與「宗周鐘」合，則鐘蓋即作於此役。〔註4〕銘文言南
夷東夷具見，則南夷東夷也都參與這次的反叛，因此，「無㝅簋」和「虢仲盨」
所記的厲王征南夷或南淮夷，很可能就是「宗周鐘」所記的戰役。

「宗周鐘」言南夷東夷俱叛，與禹鼎同，所謂南夷東夷，大概合指淮夷
而言。〔註5〕這次叛亂的規模相當大，連服國算起來共有二十七邦，厲王的征
討戰略大概同於夷王，也是逐攻服國的都城，以迫其投降，從而瓦解整個叛
亂陣營。由宣王時期的「兮甲盤」銘文來看，這次的征討行動可能相當成功，
盤銘曰：「淮夷舊我帛畮（賄）人。」是說淮夷一直是我們賦貢之臣，既言「舊」，
表示已有一段時間，很可能淮夷經厲王這一番征伐，就一直順服於周朝，乖
乖地納貢賦。再從熊渠之去王號一事，也可看出厲王的威名赫赫，《史記·楚
世家》曰：

> 當周夷王之時，王室微，諸侯或不朝，相伐。熊渠甚得江漢閒民和，
> 乃興兵伐庸、楊、粵，至于鄂。熊渠曰：「我蠻夷也，不與中國之號
> 謚。」乃立其長子康為句亶王，中子紅為鄂王，少子執疵為越章王，
> 皆在江上楚蠻之地。及周厲王之時，暴虐，熊渠畏其伐楚，亦去其
> 王。

〈楚世家〉言熊渠畏厲王暴虐，恐其伐楚，乃去其王號。然厲王若無鼎盛的

〔註3〕《大系考釋》，頁51。

〔註4〕張政烺，〈周厲王胡簋釋文〉，《古文字研究》第三輯（1980年11月），頁116。

〔註5〕毛伯班簋云毛公三年靜東國，其實際所伐之地區，則為淮水中游地區，「禹鼎」
言鄂侯馭方率南夷東夷廣伐南國東國，這裏的東國可能與「班簋」所云之東
國同，都是指周朝的東南方，而東夷可能即指這地區的淮夷。「宗周鐘」又云
南夷東夷反，也顯示南夷與東夷關係密切，經常聯手反叛周朝。

武功，則熊渠未必懼其伐楚，因此，熊渠之去其王號，恐怕是因厲王伐淮夷，大著威名，再加上厲王生性暴虐，致使熊渠心生畏懼，而去其王號。

　　厲王雖然平服了淮夷之亂，但對玁狁的征伐，卻不盡順利，勝負各見，甚至還須藉武公之力以反擊玁狁，「虢季子白盤」銘文曰：

　　　　佳十又二年正月初吉丁亥，虢季子白乍寶盤。丕（丕）顯子白，壯（壯）武于戎工，經緯（維）三方，博伐厰狁（玁狁）于洛之陽，折首五百，執譌（訊）五十，是以先行。超超子白，獻馘（馘）于王。（下略）〔註6〕

乃言虢季子白博伐玁狁有所斬獲，先回去向王獻功，根據「不娶簋」銘文，可知他命不娶繼續追擊，而這次戰事是發生在十一年夏秋之間，「洛之陽」，是指北洛水之東。「不娶簋」銘文曰：

　　　　唯九月初吉戊申，白氏曰：「不娶駿方，厰允（玁狁）廣伐西俞，王令（命）我羞追于西，夆來歸獻禽。余命女（汝）御追于畧。女（汝）以我戰（車）宕伐厰允（玁狁）于高陶。女（汝）多折首執嬰（執訊），戎大同迺追女（汝）。夕彶（及）戎，大臺戲。女（汝）休，弗以我戰面（陷）于艱（艱）。女（汝）多禽，折首執嬰。」（下略）

〔註7〕

高陶，王國維釋為「高陵」，〔註8〕畧，蓋即洛，西俞，不詳所在。綜合「虢季子白盤」和「不娶簋」銘文，玁狁來犯，王命虢季往西追，交戰的地點首先在北洛水之東，虢季先回去獻擒，然後命不娶繼續西追，不娶一直追擊至高陵，大概在班師時，戎人反由後攻之，不娶還軍與戰，又多擒獲。根據器銘，玁狁由何處來犯，不得而知，但周師的追擊路線，是由東向西，而且虢季還要先回去獻擒，則這次征討玁狁的軍隊，大概是由成周出發。

　　一九八一年出土的「多友鼎」，載玁狁伐京師，銘文曰：

　　　　唯十月，用嚴猃敌澳廣伐京以，告追于王。命武公：「遣乃元士，羞追于京師。」武公命多友率公車羞追于京師。癸未，戎伐筍，衣孚（俘）。多友西追。甲申之晨，搏于郲，多友右（有）折首執訊，凡以公車折首二百又□又五人，執訊廿又三人，俘戎車百乘一十又

〔註6〕《大系考釋》，頁103～104。
〔註7〕《大系考釋》，頁106。
〔註8〕王國維，〈鬼方昆夷玁狁考〉，《觀堂集林》卷第十三，頁597。

七乘，衣鄗（復）笥人俘；或搏于龔，折首卅又六人，執訊二人，
俘車十乘；從至，追搏于世，多友或有折首折訊；乃軼（逞）追，
至于楊冢，公車折首百又十五人，執訊三人。唯俘車不克，以衣焚。
唯馬毆（殹）盡。復奪京師之俘。多友乃獻俘、盤（馘）、訊于公。
公乃獻于王。（下略）〔註9〕

上列銘文大意是說：玁狁伐京師，王命武公追擊之，武公命多友追之於京師，
多友四戰四勝，且奪回被俘之人。「多友鼎」銘文所記載的內容十分重要，它
透露了幾項重要的消息，第一，武公命多友率公車往伐，四戰四勝，再度顯
示武公軍隊的戰鬥力相當強；第二，這次俘獲的戰車共計一百二十七乘，尙
有玁狁自己焚燬者未計，數量不算少，可見玁狁已知使用車戰；第三，玁狁
這次入侵得主要目的，似乎是在掠奪人口，故擄走京師和笥的人口，而多友
一再窮追猛打，似乎也著重在奪回被俘的人，顯然雙方都很重視這些人口。
此外，多友鼎銘所出現的地名，對考察玁狁主要分佈的所在，也很重要，但
由於學者對京師和笥之地望有不同的看法，使玁狁的所在地仍是混淆不明，
此點留待後面討論。

　　厲王之時，戎患已相當嚴重，其勢及於岐周與宗周之間，《史記‧秦本紀》
曰：

秦仲立三年，周厲王無道，諸侯或畔之。西戎反王室，滅犬丘大駱
之族。

《竹書紀年》亦曰：

厲王無道，戎狄寇掠，乃入犬丘，殺秦仲之族，王命伐戎，不克。

　　〔註10〕

犬丘，在今陝西興平縣東南。〔註11〕大駱之族，爲秦之先族，有保護西陲的
作用，《史記‧秦本紀》曰：

申侯乃言孝王曰：「昔我先酈山之女，爲戎胥軒妻，生中潏，以親故
歸周，保西垂，西垂以其故和睦。今我復與大駱妻，生適子成。申
駱重婚，西戎皆服。」

大駱之族居於犬丘，位處岐周與宗周之間，有保護西陲的作用，西戎滅之，

〔註 9〕劉雨，〈多友鼎銘的時代與地名考訂〉，《考古》，1983 年第二期，頁 152。
〔註10〕《後漢書‧西羌傳》注引，見《輯證》，頁 55。
〔註11〕錢穆，前引書，頁 215。

可見戎患已迫近西周的心臟地區，而厲王伐之不克，足見戎人氣燄已盛。至於此處之西戎與前述之玁狁是否相同，請於後文討論。

厲王時，戎禍已相當嚴重，其勢危及周王朝的心臟地區。面對此一局勢，周室的當務之急，首在驅除戎患，故宣王繼位後，經過一番整頓，即於四年開始對戎人用兵，其對象為犬丘附近的西戎。但這次的征討，不是出動王軍，而是命秦人伐之，《竹書紀年》曰：

> 及宣王立，四年，使秦仲伐戎，為戎所殺。王乃召秦仲子莊公，與兵七千人，伐戎破之，由是少卻。〔註12〕

《史記‧周本紀》亦曰：

> 秦仲立二十三年，死於戎。有子五人，其長者曰莊公。周宣公乃召莊公昆弟五人，與兵七千人，使伐西戎破之。於是復予秦仲後，及其大駱地犬丘並有之為西垂大夫。

秦仲是大駱之分族之居於西犬丘者。大駱本族在厲王時被西戎所滅，宣王故命秦仲伐西戎，但秦仲亦為戎人所殺，宣王又與秦仲之子兵七千人，使其伐西戎，結果破之，戎勢稍退，這是宣王征伐玁狁的第一次勝利。

宣王五年，王軍初伐玁狁，有「兮甲盤」銘文記其事曰：

> 佳五季三月既死霸庚寅，王初各伐玁狁于䍶盧。兮甲從王，折首執嘼，休，亡敃。王易兮甲馬三匹、駒䡅（車）。王令甲政（征）䚋（治）成周三方賣（積）至于南淮尸。淮尸（夷）舊王貟晦（賄）人，母（毋）敢不出其貟、其賣。其進人、其實，母（毋）敢不即餗（次）即㱿（市），敢不用令（命），鼎即井（刑），屢（撲）伐。其佳我者戾（諸侯）百生（姓），秉實母（毋）不即㱿（市），母（毋）敢或（有）入䜌（蠻）宄（宄）實，劓亦井（刑）。兮白吉父乍般（盤）。
> （下略）〔註13〕

䍶盧，王國維釋為「彭衙」，〔註14〕故城在今陝西白水縣東北，可見作戰的地點是在北洛水下游一帶。銘中沒有記載特別的擄獲，或許是因為王軍初次出擊，戰爭的規模並不大的緣故。兮甲，即兮伯吉父，即尹吉甫，這次戰役後，王命他征治成周四方以及南淮夷地區的糧食賦稅，並兼理南淮夷地區商賈貿

〔註12〕 《後漢書‧西羌傳》注引，見輯證，頁56～57。
〔註13〕 《大系考釋》，頁143。
〔註14〕 王國維，〈鬼方昆夷玁狁考〉，頁598～599。

易之事，似乎是在為大規模的用兵作準備。〔註15〕

由《詩經‧小雅‧六月》、〈采薇〉和〈出車〉來看，宣王初期玁狁的勢力相當猖獗，情勢非常緊張，戰事的進行也很艱苦，〈六月〉詩曰：

> 六月棲棲，戎車既飭。四牡騤騤，載是常服。玁狁孔熾，我是用急。
> 王于出征，以匡王國。（中略）玁狁匪茹，整居焦穫。侵鎬及方，至
> 于涇陽。織文鳥章，白旆央央。元戎十乘，以先啟行。（中略）薄伐
> 玁狁，至于太原。文武吉甫，萬邦為憲。吉甫燕喜，既多受祉。來
> 歸自鎬，我行永久。（下略）

詩言「玁狁孔熾，我是用急」，可見玁狁勢力大張，軍情緊急，宣王親自出征，伐玁狁至太原，尹吉甫也攻至鎬。〈六月〉詩裏出現了焦穫、鎬、方、涇陽和太原幾個地名，原本有助於了解玁狁的所在地，但由於學者對太原地望的看法見仁見智，遂對玁狁的所在有許多不同的說法，連帶地對金文中的多組地名所在也有紛歧的解釋。〔註16〕在未有新史料出現之前，何者正確，難以斷定，不過，仔細檢討〈六月〉詩裏玁狁所侵暴的地區，似乎是以錢穆氏所主張的「東及鎬而西至方，皆沿大河北岸。由是沿河西侵，其兵鋒踰河而西，乃及於涇陽也」，較為合理，〔註17〕因此，所謂「薄伐玁狁，至于太原」之太原，也應以王、錢

〔註15〕劉翔曾指出：「分甲由武將轉為管理財政賦稅，這恐怕與當時北伐玁狁戰爭急需物質的補充密切相關。」見〈周宣王征南淮夷考〉，《人文雜誌》，1983年第六期，頁66。

〔註16〕關於太原之地望，有四種說法，一是山西太原，朱熹和杜預主之；二是晉南，王國維和錢穆主之；三是後魏所立之原州，即今寧夏固原縣，這也是一般通行的看法；四是漢時五原，即秦、趙之九原，亦即今綏遠包頭市西北，蒙文通和朱右曾主之。
由於對太原地望的認定不同，「多友鼎」銘文所記載的地名，遂亦有陝西和山西岐見。李學勤認為京自即京師，是地區名非專名，筍即旬邑，在周原地區，龏即共，世和楊冢在寧夏固原一帶，因此玁狁常居之地是在周的西北方。（見〈論多友鼎的時代及意義〉，頁91～92。）黃盛璋則認為「多友鼎」所記載的戰役，是發生在晉南地區，京師是晉國始祖封之地，在新絳西北，筍即荀，西周晚期晉南尚有荀國，楊冢當與楊國有關，在今洪洞南，多友追戰玁狁是沿汾水自南向北，玁狁大概以太原方向逃走。（見〈多友鼎的歷史與地理問題〉，《古文字論集（一）》，頁16～18，《考古與文物叢刊號》二號，1983年11月）

〔註17〕錢穆，前引文，頁65。涇陽，舊說以為是漢時的涇陽縣，在今甘肅平涼縣西南，王國維和錢穆均主張指涇水下游。鎬方均難有所指，舊說以為在宗周和涇陽之間，錢穆認為方是山西安邑之方山，鎬在今山西。據詩云：「侵鎬及方，至于涇陽。」則玁狁侵暴的路線是"鎬→方→涇陽"若謂玁狁在周之西北，則其侵暴之路線應為"涇陽→方→鎬"才合理，可見把涇陽定在甘肅平涼，

二氏所主張之河東說爲長。〔註18〕至於玁狁的所在也，及其與西戎是否是同族
異稱的問題，綜合典籍與金文資料來看，西戎當是西北方戎族的總名，玁狁則
爲戎族的一支，位於宗周的東北方秦晉高原一帶。〔註19〕

〈出車〉詩言南仲城方，乃〈六月〉詩所記載戰役之延續，詩文曰：

王命南仲，往城于方。出車彭彭，旂旐央央。天子命我。城彼朔方。
赫赫南仲，玁狁于襄。

昔我往矣，黍稷方華；今我來思，雨雪載塗。王事多難，不遑啓居。
豈不懷歸？畏此簡書。

喓喓草蟲，趯趯阜螽。未見君子，憂心忡忡；旣見君子，我心則降。
赫赫南仲，薄伐西戎。

春日遲遲，卉木萋萋。倉庚喈喈，采蘩祁祁。執訊獲醜，薄言還歸。
赫赫南仲，玁狁于夷。

崔述根據時間與地點研判，認爲此詩與〈六月〉詩乃一時之事，〔註20〕可從。

以及把玁狁的位置定在周之西北，都與詩義不合。至于錢穆謂方、鎬均在晉
南，雖不必然正確，但其所言玁狁侵擾之路線，則較符合詩義。

〔註18〕王國維曰：「太原一地，當在河東，禹貢：『旣載壺口，治梁及岐，旣修太原，
至于岳陽。』鄭注孔傳，均以爲太原爲漢太原郡。然禹治冀州，水實自西而
東，疑壺口梁岐而往，至霍太山，其地皆謂之太原。左昭元年傳：『宣汾洮，
障大澤，以處太原。』則太原之地，奄有汾洮二水，其地當即漢之河東郡非
漢太原郡矣。」，見〈鬼方昆夷玁狁考〉，頁599，錢氏襲之，見《周初地理考》
八、十一、和五十六各節。

〔註19〕由「虢仲盨」、「不娶簋」、和〈六月〉詩來看，玁狁侵擾的地區，是在涇洛渭
之間河東的地帶，因此，玁狁的棲息地當在此之北，沈長雲即謂：「玁狁來伐
之處應是周人統治區，周人往伐玁狁之洛水以北以東的秦晉高原，才是玁狁
眞正栖息地帶。」（見〈玁狁、鬼方、姜氏之戎不同族別考〉，《人文雜誌》，
1983年第三期，頁75。）
玁狁，陳夢家指其爲允姓（見《卜辭綜述》，頁275），王國維認爲它即是犬戎
（〈鬼方昆夷玁狁考〉，頁605），可見玁狁是專名。但西周晚期玁狁的勢力甚
大，當包括多族在內，崔述即謂：「蓋西戎之國不一，而玁狁爲最強，專言之
則曰『玁狁』，概言之則曰『西戎』；猶亦狄有潞氏、甲氏、留吁、鐸辰，而
潞氏爲最強，傳或專言『潞氏』，亦或概言爲『赤狄』也。」見〈崔東壁遺書〉，
《豐鎬考信錄》卷之七，頁13，世界書局）
西戎，即西方之戎也，爲西北方戎族之泛稱，〈出車〉詩裏玁狁與西戎並舉，
則玁狁亦稱西戎，然據前所論，玁狁棲息於秦晉高原一帶，以方位而言，不
應名爲西戎，此或許西周晚期之戎禍，自宗周東北而包其西，戎族群起爲患，
故有此混稱。

〔註20〕崔述曰：「六月稱『侵鎬及方』，此詩稱『往城于方』，其地同；六月稱『六月

〈六月〉詩言王師伐玁狁至于太原，此言南仲伐玁狁，且受命城方，其時是
「雨雪載塗」，大概是十一、二月了，而詩又曰：「春日遲遲」，則城方之事，
可能還拖至翌年的初春，因此，從宣王出征到南仲城方，這場戰爭至少持續
了半年以上。從〈采薇〉詩也可以看出這場戰爭進行很久，而且也很艱苦，
詩文曰：

> 采薇采薇，薇亦作止。曰歸曰歸，歲亦暮止。靡室靡家，玁狁之故。
> 不遑啓居，玁狁之故。
>
> 采薇采薇，薇亦柔止。曰歸曰歸，心亦憂止。憂心烈烈，載飢載渴。
> 我戍未定，靡使歸聘。
>
> 采薇采薇，薇亦剛止。曰歸曰歸，歲亦陽止。王事靡盬，不遑啓處。
> 憂心孔疚，我行不來。
>
> 彼爾維何？維常之華。彼路斯何？君子之車。戎車既駕，四牡業業。
> 豈敢定居？一月三捷。
>
> 駕彼四牡，四牡騤騤。君子所依，小人所腓。四牡翼翼，象弭魚服。
> 豈不日戒？玁狁孔棘。
>
> 昔我往矣，楊柳依依；今我來思，雨雪霏霏。行道遲遲，載飢載渴。
> 我心傷悲，莫知我哀！

詩曰：「楊柳依依」，是在六月，則與〈六月〉和〈出車〉詩動身的時候相彷。
又曰：「雨雪霏霏」，與〈出車〉詩的「雨雪載塗」，亦屬同一季節。因此，〈采
薇〉詩也是宣王伐玁狁至太原的那年冬季所作。由詩文所見，當時戰爭的進
行還很激烈，一個月打了好幾次勝杖。

　　綜合〈六月〉、〈出車〉、和〈采薇〉三詩的內容，可以大致理出這場戰爭
的進行過程。這場戰爭的起因是，玁狁侵暴河東及渭水下游地區，聲勢浩大，
情勢已很危急，六月時，宣王親自出征，攻伐玁狁至河東地區，尹吉甫也經
略鎬，到了那年冬季，戰爭的進行仍很激烈，〈采薇〉詩故有「一月三捷」之
語。不過，這時玁狁大概已被驅離河東地區，故王命南仲在方築城，乃作防
禦的打算。總計這場戰爭進行的時日至少有半年以上，戰事的進行也很艱苦，

棲棲，戎車既飭』，此詩稱『昔我往矣，黍稷方華』，其時又同。然此二詩乃
一時之事，其文正相表裏。蓋因鎬、方皆爲玁狁所侵，故分道以伐之。吉甫
經略鎬，而南仲經略方耳。」見〈崔東壁遺書〉，《豐鎬考信錄》，卷七，頁 10
～11。

故詩云「不遑啓居」、「我戍未定」。至於戰爭發生的時間，則不易確定，但總在宣王五年「兮甲盤」所記戰役之後，說不定是因宣王那次伐玁狁於白水縣，所以才引起玁狁的大舉反撲。這次玁狁來侵，宣王只是將之驅離河東，隨即築城於方，以爲防禦，而沒有作犂庭掃穴之舉，此或許與征討淮夷有關。

宣王時期淮夷再度大反，王命昭伯虎經營南淮夷，自己則親征徐方，根據金文資料，淮夷之反，乃因宣王向其索取貢賦之故。而遲至宣王十八年，猶見諸侯聯軍戍軍於上蔡，顯示這場動亂可能持續很久。關於淮夷之叛，「師袁簋」銘文曰：

> 王若曰：「師袁斁（父），淮尸繇我員晦臣，今敢搏氒眾叚（暇），反氒工吏，弗遷（蹟）我東誠（域）。今余肇令女（汝）達齊市冀枚燮尸左右虎臣正（征）淮尸，即質氒邦嘼（酋），曰柼曰鐅曰鈴曰達。」師袁虔不家（墜），夙夜卹氒牆（將）事，休旣又工（有功），折首執燯（執訊），無諆徒駿，毆孚（俘）士女羊牛，孚（俘）吉金。（下略） [註21]

乃言淮夷反，王命師袁伐之，並指名擒殺四名酋長，師袁父不辱王命，征討有功。「兮甲盤」銘文曾提及王說淮夷乃我舊貢賄國，若敢不出其貢賦，即撻伐之，此簋王亦曰：「淮尸繇我員晦臣」，語氣完全相同，則淮夷果然不肯繳納貢賦而反叛了。淮夷反叛的原因，恐怕是周王室的要求太多，以及控制太嚴格的緣故，兮甲盤銘記宣王的索求是：布帛、奴隸，並要求淮夷的商賈集中到周朝開設的集市上貿易，以及禁止周朝的宄賈私下進入蠻方貿易，[註22] 這些嚴格的要求大概不能爲淮夷所接受，淮夷故起而反叛之，由此觀之，淮夷之叛，大約是在宣王五年。

師袁父可能是宣王派往征伐淮夷的將領之一，當時征伐淮夷的主要人物是召伯虎，《詩經》多載其經營南國之事，〈大雅·江漢〉曰：

> 江漢浮浮，武夫滔滔。匪安匪遊，淮夷來求。旣出我車，旣設我旟，匪安匪舒，淮夷來鋪。
>
> 江漢湯湯，武夫洸洸。經營四方，告成于王。四方旣平，王國庶定。
> 時靡有爭，王心載寧。
>
> 江漢之滸，王命召虎，式辟四方，徹我疆土。匪疚匪棘，王國來極。

〔註21〕《大系考釋》，頁 146。
〔註22〕參閱劉翔，〈周宣王征南淮夷考〉，頁 68。

于疆于理，至于南海。

王命召虎：「來旬來宣。文武受命，召公維翰。無曰：『予小子』，召
公是似。肇敏戎公，用錫爾祉」。

「釐爾圭瓚，秬鬯一卣，告于文人。錫山土田，于周受命，自召祖
命。」虎拜稽首：「天子萬年」。

虎拜稽首，對揚王休。作召公考，天子萬壽。明明天子，令聞不已；
矢其文德，洽此四國。

江漢，可能為漢江之倒文，即漢水。詩云軍旅來此，乃為征討淮夷，王在漢
水之邊命召虎經營南國，至于南海，並勉他追踵召公之功業。據詩文，宣王
也來到漢水邊，而〈大雅·常武〉記王親征徐方，則〈江漢〉篇所記，可能
是王伐徐方之前，經過漢水時，命召伯虎經營南國。舊云召伯虎即召穆公，
恐非是，他可能是召穆公之子。〔註23〕

召伯虎的重要功績，是平定南國，並定申伯之宅土，〈大雅·崧高〉篇曰：

崧高維嶽，駿極于天。維嶽降神，生甫及申。維甫及申，維周之翰。
四國于蕃，四方于宣。

亹亹申伯，王纘之事。于邑于謝，南國是式。王命召伯，定申伯之
宅。登是南邦，世執其功。

王命申：「式是南邦。因是謝人，以作爾庸。」王命召伯，徹申伯土
田。王命傅御，遷其私人。申伯之功，召伯是營。有俶其城，寢朝
既成，既成藐藐；王錫申伯，四牡蹻蹻，鉤膺濯濯。

王遣申伯，路車乘馬。「我圖爾居，莫如南土。錫爾介圭，以作爾寶。
往近王舅，南土是保。」申伯信邁，王餞于郿。申伯還南，謝于城
歸。王命召伯，徹申伯土疆，以峙其糧，式遄其行。

申伯番番，既入于謝，徒御嘽嘽。周邦咸喜，戎有良翰。不顯申伯，
王之元舅，文武是憲。

申伯之德，柔惠且直。揉此萬邦，聞于四國。吉甫作誦，其詩孔碩，

〔註23〕詩中有「予小子」之語，證之尚書或金文，通常是新嗣位者之自稱語，細玩
詩文，似是王命召虎經營南國，召虎推辭以「予小子」之語，王於是說昔文
武受命，召公是重要棟樑，你不要推辭以「予小子」，應該追踵召公之業。由
此看來，召虎似是年事尚輕，不敢輕許擔當重任，而召穆公在共和時代即主
國政，為朝中大老，不該自稱「予小子」，故召虎應為召穆公之子，而且那時
召穆公可能剛去世不久。

其風肆好，以贈申伯。

這是宣王之舅申伯，出封於謝，吉甫作此詩以送之，謝在今河南南陽。〔註24〕這首詩的內容十分豐富，包含幾項重要的史事：第一，〈江漢〉篇言王命召伯經營南國，此詩言王命召伯定申伯之宅，徹其土田，以作爲南國之榜樣，則此時南國已定。第二，宣王徒封申伯於謝的目的，是鎮撫南國，故詩云「南土是保」。第三，申伯就封於謝，乃「遷其私人」，即帶著自己的軍隊人民，此有異於周初封建之「授民」。第四，申伯由鄙出發，就封於謝，走的是褒斜道，順漢水而下。〔註25〕「召伯虎簋（二）」銘文曰：「佳六秊二月甲戣（子），王才茉，瓥白虎告曰『余告慶』。」〔註26〕可能是召伯虎平定淮夷，歸告成功之語。召伯虎在宣王六年四月歸告平定淮夷，則申伯就封於謝的時間，可能是在宣王六年或七年。

爲平服淮夷之亂，宣王除了派召伯虎經營南國外，宣王本人也親征除方，〈大雅・常武〉篇曰：

赫赫明明，王命卿士，南仲大祖，大師皇父。整我六師，以脩我戎。
既敬既戒，惠此南國。

王謂尹氏，命程伯休父，左右陳行，戒我師旅：「率彼淮浦，省此除土，不留不處。」三事就諸。

赫赫業業，有嚴天子，王舒保作。匪紹匪遊，徐方繹騷。震敬徐方，如雷如霆，徐方震驚。

王奮厥武，如震如怒。進厥虎臣，闞如虓虎。鋪敦淮濆，仍執醜虜。截彼淮浦，王師之所。

王旅嘽嘽，如飛如翰，如江如漢。如山之苞，如川之流。緜緜翼翼，不測不克，濯征徐國。

王猶允塞，徐方既來。徐方既同，天子之功。四方既平，徐方來庭。

徐方不回。王曰：「還歸」。

這首詩是講宣王親征徐方，軍行甚速，使徐方震驚，王師作戰勇猛，使徐方

〔註24〕陳槃，《譔異》，頁152～155。
〔註25〕鄙，在今陝西鄙縣，其南有褒斜道，可通漢水流域，申伯大概是循此路線，就封於謝。參見徐中舒，〈殷周之際史蹟之檢討〉，《史語所集刊》，第七本第二分，頁22～25。
〔註26〕《大系考釋》，頁144。

歸服。詩云「率彼淮浦，省此徐土」，則宣王是順著淮水攻伐徐方，〈江漢〉篇言王在漢水邊命淮夷經營南國，而〈江漢〉篇與〈常武〉篇所記可能是同時之事，故宣王出征的路線，可能是出褒斜谷，順漢水而下，再循淮水直攻徐方。〔註 27〕這次征伐徐方的戰略和路線，大概是由宣王親自擬定，故詩云「王猶允塞」，由詩文所見，王師大概是雷霆萬鈞，迅雷不及掩耳之勢挺進，使徐方措手不及，無法頑抗，而歸服於周。

宣王親自征服徐方，召伯虎也平定南國，照說淮夷應該已經完全降服，但是，由「駒父盨」蓋銘文所見，宣王十八年猶有諸侯聯軍戍於上蔡，銘文曰：

> 唯王十又八年正月，南中邦父命駒父毀南者（諸）侯達高父見南淮尸，厥取厥服。堇（覲）尸俗，豙（遂）不敢不敬畏王命，逆見我，厥獻厥服。我乃至于淮，小大邦亡敢不耆（褚）具逆王命。四月畏（還）至于蔡，乍旅盨，駒父其萬年永用多休！〔註 28〕

乃言南仲邦父命駒父，陪伴南諸侯的統帥高父去見南淮夷，要索取貢物，並斷言淮夷不敢違抗王命，駒父和高父到了淮夷地區，各大小邦果然不敢違抗王命，他們到了四月才回到上蔡，在淮夷地區巡歷了三個月。學者以爲根據此器銘文，宣王對淮夷的征伐，其暫時勝利要遲到宣王十七、八年，〔註 29〕這項推論是很有可能成立的。觀〈江漢〉、〈嵩高〉和〈常武〉三篇所載，召伯虎經營的南國，似在漢、淮之間，宣王則以雷霆萬鈞之勢，橫掃淮夷，至于徐方。漢、淮之間的征服，大概相當成功，所以宣王徒封申伯坐鎮於此。淮水地區，則在徐方表示歸順之後，宣王卽班師回去，因此，淮夷既未受重創，也沒受大封國之控馭，是有可能再反的，而且諸侯聯軍戍軍於上蔡，也顯示其所征伐或防禦的對象，是東南方的淮夷。宣王何以使用出奇制勝的策略，又何以迅速班師，是很耐人尋味的問題。由宣王征伐徐方時，行軍之迅速，及匆促之班師，似見宣王對徐方的征討，僅止於懲罰性的目的，而無意徹底解決淮夷的騷亂問題。這可能是當時適逢玁狁來犯，宣王必須集中力量

〔註 27〕徐中舒曰：「合兩詩觀之，征伐淮夷而必師出江漢者，蓋由宗周出師，必由褒斜沿漢而南，再由漢而東，以至淮浦。」見〈殷周之際史蹟之檢討〉，頁 26。

〔註 28〕黃盛璋，〈駒父盨蓋銘文研究〉，《考古與文物》，1983 年第四期，頁 52。

〔註 29〕李學勤，〈兮甲盤與駒父盨——論西周末年周朝與淮夷的關係〉，收於《西周史研究》（《人文雜誌叢刊》第二輯），頁 273。

應付獫狁，所以只好採取出奇致勝的策略，對徐方略施懲罰，使其暫時降服，以便全力征伐獫狁。而前述宣王只將獫狁逐出河東，沒有作犁庭掃穴之舉，可能也是因為淮夷常未完全平服，因而受到牽制之故。由於宣王一方面要征討淮夷，一方面又要攻伐獫狁，以致陷入兩面作戰的窘境，雖然這兩方面的征戰都獲得了勝利，但問題也都沒有徹底解決。因此，宣王十八年時，諸侯聯軍還戍軍於上蔡，以禦夷亂，而宣王晚年對戎人戰爭，竟轉趨失利。

逐獫狁，定淮夷，平荊蠻，是宣王中興的三大武功，關於平荊蠻之事，〈小雅·采芑〉篇曰：

薄言采芑，于彼新田，于此菑畝。方叔涖止，其車三千，師干之試。

（中略）

蠢爾蠻荊，大邦為讎！方叔元老，克壯其猶。方叔率止，執訊獲醜。

戎車嘽嘽，嘽嘽焞焞，如霆如雷。顯允方叔，征伐獫狁，蠻荊來威。

此言荊蠻蠢動，方叔率軍來伐，方叔所率領的戰車有三千乘。西周時期一輛戰車大概配備十名武士，因此方叔所率領的軍隊大概有三萬人之多，或許就是西六師。〔註30〕由詩文所見，方叔之征荊蠻，也是以雷霆萬鈞之勢伐之。

宣王除了封申伯於謝，以鎮撫南土外，又徒封韓侯，以鎮撫北國，〈大雅·韓奕〉篇曰：

奕奕梁山，維禹甸之，有倬其道。韓侯受命，王親命之：「纘戎祖考，無廢朕命，夙夕匪解，虔共爾位。朕命不易，榦不庭方，以佐戎辟。」

（中略）

韓侯出祖，出宿于屠。（中略）

韓侯取妻，汾王之甥，蹶父之子。韓侯迎止，于蹶之里。（中略）

蹶父孔武，靡國不到。為韓姞相攸，莫如韓樂。（中略）

溥彼韓城，燕師所完。以先祖受命，因時百蠻，王錫韓侯，其追其貊，奄受百國，因以其伯。實墉實壑，實畝實籍。獻其貔皮，赤豹黃羆。

此詩所言之重要內容有二：第一，韓侯與蹶父結親，新的韓城為燕師所築；第二，韓侯徒封，王賜與追、貊等族，使為北國之長。韓侯始封的地點，向

〔註30〕說見楊英傑，〈先秦戰車制度考釋〉，《社會科學戰線》，1983 年第二期，頁 150～154。

有許多的爭議，〔註31〕如欲討論其徙封的地點，再及於追、貊之族源地望，實非本文所能詳析，在此只好略而不論。但韓侯之徙封，負有鞏固北方的作用和使命，却是可以斷定的。

逐玁狁，定淮夷，平荆蠻，大抵是宣王初期之事，換言之，煊赫的中興武功，大抵建立於宣王初期。這些中興武功，誠然令人眩目，然而，從另一個角度來看，這也代表著外族大為蠢動，並非可喜之現象。事實上，宣王之時，東方可能也有騷亂，〈大雅‧蒸民〉篇曰：

> 王命仲山甫：「式是百辟，纘戎祖考，王躬是保。」出納王命，王之喉舌。賦政于外，四方爰發。（中略）王命仲山甫，城彼東方。四牡騤騤，八鸞喈喈，仲山甫徂齊，式遄其歸。

由詩文所見，仲山甫是宣王左右的重臣，宣王命他到齊國築城，可見當時東方也不太平靜。

因此，宣王初期，中興武功雖然煊赫，但同時也表示外族蠢蠢欲動，衡量當時的情勢，似有「四夷俱動」之勢，〈韓奕〉篇曰：「蹶父孔武，靡國不到」，似乎蹶父是宣王時代的一員勇將，征戰過的地方很多，由此可以窺見宣王初期四方不太平靜。宣王雖然南征北討，功業彪炳，但外患始終無法徹底平服，而且國力的消耗頗鉅，因此，宣王晚期，對戎人的戰事反而轉趨失利。宣王的中興武功，以伐玁狁始，而其武功之衰退，也以敗於戎人終，茲臚列宣王晚期與戎人交鋒的記錄如下：

三十一年	王遣兵伐太原之戎，不克。〔註32〕
三十六年	王伐條戎、奔戎，王師敗績。〔註33〕
三十九年	王征申戎，破之。〔註34〕
	戰于千畝，王師敗績於姜氏之戎。〔註35〕

以上所伐之戎，大概都在山西，〔註36〕四次戰役中，僅勝一次，而敗二

〔註31〕韓始封的地點，眾說紛紜，計有陝西韓城、河北方城、山西芮城等異說。錢穆主張在陝西韓城，其說翔實，可從。（見《周初地理考》，第四四、五三節）。

〔註32〕《後漢書‧西羌傳》注引，見《輯證》，頁57。

〔註33〕《後漢書‧西羌傳》注引，見《輯證》，頁58。

〔註34〕《後漢書‧西羌傳》注引，見《輯證》，頁58。

〔註35〕《國語》，卷一，〈周語上〉。

〔註36〕太原之戎、條戎、奔戎和姜氏之戎，均在山西，申戎則較難考，陳槃謂申戎亦姜姓，蓋姜戎之別部，亦可名姜氏之戎，在山西。（見《譔異》，冊六，頁537）。

次，一次不克，強弱之勢，已呈逆轉，此若非戎勢轉強，則爲王室武功趨於衰退。伐條戎、奔戎之役，晉國曾參與；千畝之役，晉國也參加了，雖然王師敗績，晉師卻得到勝利。〔註37〕千畝之役，王師大概傷亡慘重，《國語》曰：「宣王既喪南國之師，乃料民於太原。」韋注：「敗於姜戎氏時所亡也」，可見千畝之役，王師傷亡慘重，故宣王欲料民太原，以補充兵源。根據以上四條資料，可以看出宣王晚期雖屢次在山西用兵，卻是敗多勝少，顯示王室武力已趨衰退。千畝之役，王師傷亡慘重，宣王料民於太原，顯然是再圖出兵，仲山甫曾勸諫之，其理由是官各有所司，民數已知，又何必再調查戶口。其實，其重點在於「臨政示少，諸侯避之」，和「害於政而妨於後嗣」兩句話。也就是說，宣王若料民於太原，將示弱於天下，使諸侯遠避王室，而有害於後嗣。宣王不聽仲山甫的勸諫，仍然料民，而十數年後，西周也覆亡了。西周之亡，跟料民於太原是有關連的，但最重要的是其背後所隱含的意義，即宣王晚期王室武力衰弱，兵源不繼，相對地，戎勢轉強，此一局勢的發展，實爲導致西周覆亡的主要原因之一。

第二節　西周的覆亡及其原因之檢討

宣王死後，幽王繼立，幽王在位十一年，即被犬戎追殺於驪山下，西周時代至此結束。西周之所以亡於幽王之手，一方面是自宣王晚期開始，對戎人的戰事居於劣勢，戎勢相對地轉強，對王畿形成嚴重的威脅。另一方面是幽王昏闇，政治一片混亂，使國事益發不可爲，最後因廢太子宜臼，引起申、繒聯合犬戎入侵，而直接導致西周覆亡。

宣王晚期，屢次征伐戎人，卻是敗多勝少，顯示王室的武力，已趨於衰弱，戎勢轉強，幽王初年，戎人再度侵及周朝的心臟地區，《竹書紀年》曰：

後十年（案：指幽王三年），幽王命伯士伐六濟之戎，軍敗，伯士死焉。〔註38〕

六濟之戎，不詳所在，王命伯士伐之，不僅打敗杖，伯士還陣歿，這更顯示

〔註37〕《左傳・桓公二年》曰：「初，晉穆侯之夫人姜氏以條之役生大子，命之曰仇。其弟以千畝之戰生，命之曰成師。」《史記・晉世家》亦曰：「晉穆侯四年，取齊女姜氏爲夫人。七年伐條，生太子仇。十年，伐千畝，有功，生少子，命曰成師。」

〔註38〕《後漢書・西羌傳》注引，見《輯證》，頁58。

王軍已難以遏抑戎勢。同年，戎人再度進圍犬丘，《後漢書・西羌傳》曰：

> 其年（案：指幽王三年），戎圍犬丘，虜秦襄公之兄伯父。

《史記・秦本紀》亦載其事曰：

> 襄公二年，戎圍犬丘，世父擊之，爲戎人所虜，歲餘，復歸世父。

伯父與世父當爲一人。據〈秦本紀〉，世父爲秦莊公之長子，自居犬丘擊戎，欲爲伯父秦仲復仇，前面提過宣王四年使秦莊公伐西戎，破之，戎勢稍退，如今戎人圍犬丘，擄世父，顯見戎人的勢力再度侵及周朝的心臟地區。

伯士之戰死，以及戎勢轉熾，所造成的影響應當是很大的。幽王六年，皇父作都於向，可能就是懼於戎患。在邊患日亟的情勢下，幽王不理朝政，更加深了亡國的危機，由〈小雅・十月之交〉、〈雨無正〉和〈節南山〉等詩篇，可以看出當時政事一團糟，據〈十月之交〉，政事被皇父、番、家伯、仲允、棸子、蹶和楀等人所把持，他們胡作非爲、毀人房屋、沒收田地，皇父最後還作都於向，盡遷遺老。〈雨無正〉則曰：「正大夫離居」、「三事大夫莫肯夙夕」、「邦君諸侯，莫肯朝夕」。〈節南山〉亦謂喪亂弘多，而詰問尹氏大師何不正國事？凡此都顯示政治上呈現一片混亂的現象。在這樣的局勢之下，西周又發生了天災地變，更增加了混亂的嚴重性。幽王二年，西周三川皆震，三川竭，岐山崩；[註39]幽王六年，發生日月食，「百川沸騰，山冢崒崩，高岸爲谷，深谷爲陵」；[註40]而最嚴重的是天降饑饉，〈雨無正〉曰：

> 浩浩昊天，不駿其德，降喪饑饉，斬伐四國。

既言「斬伐四國」，可見災區的範圍相當大。〈大雅・召旻〉亦曰：

> 旻天疾威，天篤降喪，瘨我饑饉，民卒流亡，我居圉卒荒。
>
> 天降罪罟，蟊賊內訌。昏椓靡共，潰潰回遹，實靖夷我邦。
>
> ……………………………………
>
> 如彼歲旱，草不潰茂，如彼棲苴。我相此邦，無不潰止。
>
> ……………………………………
>
> 昔先王受命，有如召公，日辟國百里，今也日蹙國百里。

大饑荒之發生，最易導致社會的動盪不安，〈召旻〉篇首言天降饑饉，人民流亡；次言爭訟之人，使國內潰亂，情勢一片混亂，將顛覆此國；再將國家喻爲歲旱之草，行將崩潰；最後則云國土日削百里，此誠爲幽王時代整個情勢

〔註39〕《國語》，卷一，〈周語上〉。

〔註40〕〈小雅・十月之交〉。

的最佳寫照。

　　邊患嚴重，朝政紊亂，再加以天災地變，國脈已飄搖欲墜，幽王寵愛褒姒，廢太子宜臼，則直接導致西周的覆亡。關於這一段史事，史蘇曾厄要地敍述曰：

> 周幽王伐有褒，褒人以褒姒女焉，褒姒有寵，生伯服，於是乎與虢石甫比，逐太子宜臼，而立伯服，太子出奔申，申人、鄫人召西戎以伐周，周於是乎亡。〔註41〕

大概自皇父作都於向後，虢石父繼位爲卿士，而與褒姒朋比爲奸。據《竹書紀年》，逐太子宜臼，立伯服爲太子之事，發生在幽王八年，當時宜臼出奔西申。〔註42〕自幽王廢太子後，亡國之勢已愈趨明顯，一方面是因虢石父與褒姒朋比爲奸，朝政依舊混亂，《國語》曰：「幽王以褒后故，王室治邪，諸侯或畔之。」；〔註43〕另一方面，太子宜臼的外祖父是強藩申侯，幽王廢宜臼，自然會引起申侯的不滿。申國的地位相當重要，孝王時申侯曾自信：「申駱重婚，西戎皆服」，可見申國也有保護西陲的作用，幽王之時，戎患嚴重，正需申侯鼎力相助，以禦戎亂。如今反而開罪申侯，申侯若轉而與戎人聯手，其勢將不堪設想，史伯曾分析此一形勢曰：

> 申、繒、西戎方彊，王室方騷，將以縱欲，不亦難乎？王欲殺太子以成伯服，必求之申，申人弗畀，必伐之。若伐申，而繒與西戎會以伐周，周不守矣。〔註44〕

幽王昏闇，昧於此一形勢之險惡，致內憂外患交迫而至，一發不可收拾。當時已有人察覺，而準備逃難，幽王十年時，鄭桓公即詢問史伯曰：「王室多故，余懼及焉，其何所以逃死？」〔註45〕鄭桓公出自厲王，是幽王的叔父，當時又任司徒之官，政績不錯，連他都作逃難的準備，其他人的心理如何，也就可想而知了。

　　幽王十一年，幽王被犬戎追殺於驪山下。關於幽王被殺的原因和經過，《史記‧周本紀》曰：

> 幽王以虢石父爲卿，用事，國人皆怨。石父爲人佞巧善諛好利，王

〔註41〕《國語》，卷七，〈晉語一〉。
〔註42〕《左傳‧昭公二十六年》正義引，見《輯證》，頁59。
〔註43〕《國語》，卷一六，〈鄭語〉。
〔註44〕《國語》，卷一六，〈鄭語〉。
〔註45〕《國語》，卷一六，〈鄭語〉。

用之。又廢申后，去太子也。申侯怒，與繪、西夷犬戎攻幽王。幽王舉烽火徵兵，兵莫至。遂殺幽王驪山下，盡取周賂而去。

驪山，在今陝西臨潼縣東南。《竹書紀年》則言幽王死於戲，〔註46〕《國語》亦曰：「幽滅於戲」，〔註47〕章注：「戲，戲山，在西周也。」其地望不詳，或許即是驪山。申侯之所以聯合繪與犬戎攻殺幽王，可能是爲幽王所迫，而非主動反周，因爲太子宜臼在八年被廢，至十一年申侯才伐周，其間經過了二年多，未曾見到申侯有出兵的舉動，似乎申侯雖然心中不滿，但還沒有打算反周。而且根據前面史伯之分析，他認爲幽王必會向申人索討宜臼，申人必定不給，而幽王必會伐申，史伯之言，是回答鄭桓公「何所以逃死」之問，他所講的應該是當時的情勢，由此可以推測，可能幽王索討宜臼不遂，打算征伐申國，申侯才聯合繪與犬戎伐周。幽王曾於太室（即今嵩山）舉行軍事大會，〔註48〕結果戎狄叛之。此事不知發生於何年，但盟於太室，可能是爲了伐申，所以導致戎狄反叛，因爲戎人可能先與申侯結有盟約，幽王欲伐申，戎狄自然依約與申、繪聯合伐周。或許正因爲幽王太室舉行軍事大會，準備伐申，所以申侯才先發制人，出兵伐周。

幽王被殺後，發生二王並立之事，《竹書紀年》曰：

（伯盤）與幽王俱死於戲。先是，申侯、魯侯及許文公立平王於申，以本大子，故稱天王。幽王旣死，而虢公翰又立王子余臣於攜，周二王並立。〔註49〕

幽王旣死，周室出現二王並立的局面。不過，當時申、魯、許、秦、鄭和晉等國，都支持平王，因此王室分裂的問題並不嚴重。平王十一年，攜王爲晉文侯所殺，〔註50〕結束了二王並立之勢。

平王東遷，西周時代結束。平王之所以東遷，《史記・秦本紀》曰爲避戎禍。但衡量當時的情勢，平王並沒有充分的理由東遷。依理而言，犬戎與申聯盟，平王爲申所立，則平王與犬戎間接上也有聯盟關係，平王並不需要避戎禍。再說當時衛武公和秦襄公，都曾將兵佐周平亂，甚有戰功，平王若欲

〔註46〕《左傳・昭公二十六年》正義引，見《輯證》，頁60。
〔註47〕《國語》，卷四，〈魯語上〉。
〔註48〕《竹書紀年》曰：「盟於太室」（《北堂書鈔》，卷二一，〈帝王部〉所引，見《輯證》，頁6）；《左傳》亦曰：「周幽爲大室之盟，戎狄叛之。」（昭公四年）
〔註49〕《左傳・昭公二十六年》正義引，見《輯證》，頁60。
〔註50〕《左傳・昭公二十六年》正義引，見《輯證》，頁67。

驅退戎禍，局勢並非不可爲，而且平王爲申侯、魯侯和許文公所立，又有晉、鄭之支持，實力相當雄厚，尚可與戎人一搏，但平王計不出此，卻東遷雒邑，誠爲可異之事。思其所以如此，可能有三個因素：第一，戎人入侵，而且殺害幽王，都因他而起，他因戎人的入侵而登位爲王，是不太光彩之事，現在虢公翰又扶立余臣爲王，與他對立，使他更難堪，基於這兩點，平王可能想擺脫這是非之地，因而東遷雒邑；第二，諸侯雖擁立平王，但除了衛、秦之外，別的國家似乎沒有眞正出力平亂，或許因爲諸侯大都不願協力平亂，使平王感到難以抵禦戎禍，所以才東遷雒邑；第三，西方戎禍較烈，而支持平王的諸侯又大都在東方，〔註51〕所以平王才東遷雒邑，這一點可能是平王東遷的主因。

　　如上所論，西周覆亡是出於邊患日亟，及幽王昏闇誤國。但一個王朝之傾覆，絕非朝夕突發，必有其複雜的因素和潛伏的遠因。以軍事方面來說，無疑地，軍事的失利，是西周覆亡的直接原因，然而王室伐戎之所以屢次失利，並不見得是戎人勢力增強之故，由諸侯與戎人交鋒，常獲得勝利，可以反證是王室的武力已經衰弱，所以才無法克敵致勝。〔註52〕王室武力之衰退，可追溯至宣王晚期，然宣王初期武功赫赫，何以至晚期反而趨於衰弱？推測其因，可能是南征北討，消耗國力至鉅，以致晚期雖屢次伐戎，卻已心勞力絀，常遭失利，此觀千畝戰後，宣王料民太原，以補充兵源，可得證明，因此，從軍事方面來說，西周之亡，已植因於宣王時期，幽王昏闇，加以褒姒敗壞朝政，王室當然更不能整軍經武，以挽回此一頹勢。

　　就禮制方面而言，西周晚期宗法制度和用鼎制度都已破壞，反映出諸侯與王室的關係，以及社會的秩序，皆已顯露出亂象。尤其是宗法制度的破壞，影響最爲深遠，因爲宗法制度是西周禮制的中心，也是同姓諸侯對王室向心的憑藉，宗法制度破壞，表示親親的精神將趨於瓦解，而諸侯對王室的向心

〔註51〕支持平王的諸侯，有衛、魯、許、晉、鄭、秦和申等國。秦是西方之國；申一般認爲是南陽的申，但《竹書紀年》謂宣白奔西申，則京畿地區可能另有一個申國，究竟幽王時代聯合犬戎入侵的申，是南陽的申或是西申，已很難考究清楚，但除了秦、申之外，其他確都是東方諸侯。

〔註52〕宣王三十八年，晉人敗北戎于汾隰（《後漢書・西羌傳》注所引，見《輯證》，頁58）；千畝之戰，王師慘敗，晉師卻獲勝；犬戎攻陷鎬京，衛武公和秦襄公將兵佐周平亂，都甚有戰功；平王二年，邢侯大破北戎（《後漢書・西羌傳》）。由這些記錄可以看出，諸侯與戎人交鋒，常能獲勝，反而王室伐戎屢遭失利，顯見王室的武力已衰退。

力，也將逐漸減低。幽王被殺後，同姓諸侯只有衛武公將兵協助平亂，顯見同姓諸侯對王室的災難，抱持冷漠的態度，這是親親精神淡薄的結果。宗法制度的破壞，以宣王時期最為劇烈，此一現象顯示社會制度解體的動亂時代行將來臨。幽王廢嫡之舉，是公然破壞宗法，結果招來亡國殺身之禍。因此，從禮制方面來看，西周之亡，亦已植因於宣王時期。

　　就政治方面來看，西周晚期，王權的發展達於高峯，厲王專制自為，宣王干涉魯國的繼承制度，枉殺杜伯，都顯示王權凌駕諸侯之上。但王權凌駕諸侯的結果，並沒有為王室增加更大的權力，反而引起諸侯離心，厲王最後為國人驅逐，逃亡至彘。宣王時雖未爆發動亂，但諸侯也都畔周，繼位的幽王，朝政敗壞，更使諸侯離心，幽王被殺後，很少諸侯鼎助王室平亂，恐怕也與此有關。因此，從政治方面來看，西周之亡，亦已植因於宣王時期。

　　根據以上之分析，可以發現西周之所以覆亡，很多因素已潛植於宣王時代，因此，所謂「宣王中興」，其實際真相到底如何，以及宣王的功過應如何評斷，都值得予以深入地探討，本文第二章和第五章第一節，都已做過討論。顧炎武曾謂：「然則宣王之功計亦不過唐之宣宗，而周人之美宣亦猶魯人之頌僖也。事劣而文侈矣。」〔註53〕顧氏懷疑宣王之功是對的，但比喻則失當。崔述亦曾論宣王之得失，其論點較為持平，其言曰：

　　　　余考宣王之事，據詩則英主也，據國語則失德實多，判然若兩人者，
　　　　心竊疑之。久之，乃覺其故有三。詩人之體主於頌揚，………是詩
　　　　言原多溢美，未可盡信，其故一也。國語主於敷君，……乃後人取
　　　　當日諫君料事之詞而衍之者。諫由於君之有失道，故衍諫詞者必本
　　　　其失道之事言之，非宣王之為君盡若是，亦非此外別無他善政可書
　　　　也，其故二也。古之人君，勤於始者多，勉於終者少，………宣王
　　　　在位四十六年，始勤終怠，固宜有之。………由是言之，詩固多溢
　　　　美，國語固專紀其失，要亦宣王之始終本異也，其故三也。」〔註54〕

因此，所謂的「宣王中興」，是指宣王初期之政績和功業而言。至宣王晚期，由於政治措施的失當，和國力的耗損過度，使周王室再度走向衰途，其中軍事武力的衰弱，竟成為西周覆亡的主因之一。

〔註53〕顧炎武，《日知錄》，卷三，「太原」條，頁71。
〔註54〕崔述，《豐鎬考信錄》卷之七，頁18～20。

第六章 結 論

　　西周之衰亡，有其複雜的原因和過程，文獻典籍裏，雖有片斷的記載，卻僅能提供我們籠統的線索。如今由於地下史料，尤其是金文資料的大量出土，用以與文獻資料相互參照，使我們對於此一問題，可以作較深入的探討，而得到更清晰的認識。就政治方面而言，西周中期，政治趨於敗壞，但西周政治之急遽惡化，卻發生於幽王時代，並且由此直接導致西周之覆亡。從王權的發展來看，西周晚期，王室與貴族諸侯曾發生劇烈的衝突，其主要原因，一方面是王權意識昇高，另一方面是貴族諸侯的勢力逐漸強大。夷王時，王權意識已有所提高，至厲、宣時期，王權的發展達於高峯。厲王專斷自為，最後為「國人」驅逐，宣王也表現出王權至上的態度。但另一方面，貴族諸侯的勢力已逐漸強大，夷厲時期的武公，曾兩度幫助王室擊破外患，可為最佳的證明。由於西周政治權力的結構，帶有王室與貴族諸侯分權的特色，因此，王權的高張，適足以導致貴族諸侯的反抗，使他們離心。結果厲王被驅逐出京，流亡於彘，宣王時雖未發生動亂，但諸侯已多畔周。此一形勢的發展對王室的安危，已產生不利的影響，而幽王恣意胡意，也未嘗不可視為王權高張的結果。因此，從這個角度來看，王權的高張的結果，間接地導致了西周覆亡。

　　在禮法制度方面，西周中期，錫命禮已發展出固定的型式，有固定的冊命禮儀與輿服制度，其所反映的繁文縟節，顯示周人的活力大不如前，已由進取轉趨保守。而隨繁文縟節而來的，是豪奢的風氣，此一風氣足以腐蝕人心，促使一些貴族趨於沒落，這實是西周衰亡的重要根源。同時，西周中晚期，禮法制度也已產生變動或破壞。西周中期，土地已可以有限度交易買賣，宗法制度也於此時開始破壞，到了晚期的宣、幽時代，宣王和幽王都有破壞

宗法的行為。宣王時甚至有六個諸侯國家，發生繼位糾紛，顯示自宣王時代起，宗法制度已開始急遽破壞。此外，西周禮法制度的變動或破壞，已肇始於西周中期，至晚期為烈，此一現象顯示了大變動時代即將來臨。

就軍事方面而論，西周中期，北方一直維持安定的局面，直到中期末葉，才稍見騷動的跡象。在東方，昭王時期東夷曾反叛一次，但此後就再未見到大規模的反叛，這一點可能要歸因於周人在這裏建立好多個大小封國，發揮了穩定的作用。跟北方和東方的情勢相比，西周中期東南方的局勢，就顯得嚴重多了。穆王時期，淮夷騷動，情勢非常緊張，夷王時，夷禍直逼兩周之間；因此，西周中期的軍防重心，實際上已由東方轉到東南方。然而，對於淮夷時服時叛的問題，周王朝一直未能加以徹底解決，因此，厲、宣時期，淮夷又各反叛一次，雖然這些動亂表面上都被平定，但如此這般地時叛時服，周王朝的國力，必然消耗不少。尤其宣王時一面征伐玁狁，一面又要討伐淮夷，雖然獲得不少勝仗，但實已陷於兩面作戰的窘境，這是造成宣王晚期對玁狁作戰失利的重大原因。而對戎人的戰事失利，又直接影響到西周的覆亡。

西周晚期的外患情形，較之西周中期大為嚴重，厲、宣時期，淮夷仍各反叛一次，但與西周中期迥異的是，北方的外患突然加劇，形成南北交侵的局面。厲王雖能平服淮夷，卻阻遏不了戎人的肆虐，戎禍已侵及京畿地區。宣王初期，雖能敗玁狁，定淮夷，平荊蠻，但也沒有徹底解決外患問題。宣王十八年，猶見諸侯聯軍戍於上蔡，宣王晚期伐戎則屢次失敗，甚至喪南國之師，而欲料民太原，以補充兵源，可見當時王室的武力已趨於衰弱，兵源也不足。宣王晚期武力之趨於衰弱，成為王室的一大隱憂，幽王三年，派軍伐戎，又打了敗仗，而且主帥陣亡，更顯示王軍無法克制戎勢，這一年，戎人再度侵及周王朝的京畿地區。幽王時期，戎禍益熾，已對王室形成莫大的威脅，幽王卻漠視外在環境的險惡，竟廢太子宜臼，引起申、繒聯合犬戎入侵，結果使西周亡於戎禍。

根據本文之分析，可以發現西周之衰，始自中期，此一時期的政治不上軌道，繁褥的禮節，斲喪了周人的活力，豪奢的風氣，腐蝕社會的根本。到了西周晚期，禮法制度破壞得更劇烈，外患也變得很嚴重。幽王之時，終因朝政紊亂、軍事失利和幽王之破壞宗法，而導致亡國之禍。但是，軍事之失利，已始自宣王晚期，宗法之破壞，也以宣王時期最嚴重。因此，西周之覆亡，實不能只歸咎於幽王一人之昏闇，及其舉措之失當，有不少因素，已潛伏於宣王時代，而史家每稱「宣王中興」，如加以深入了解，實不盡然。

參考書目

甲、基本文獻

1. 《尚書》，二十卷，十三經注疏本（台北，東昇出版事業公司）。
2. 《詩經》，二十卷，十三經注疏本（台北，東昇出版事業公司）。
3. 《禮記》，六十二卷，十三經注疏本（台北，東昇出版事業公司）。
4. 《周禮》，四十二卷，十三經注疏本（台北，東昇出版事業公司）。
5. 《左傳》，六十卷，十三經注疏本（台北，東昇出版事業公司）。
6. 《公羊傳》，二十八卷，十三經注疏本（台北，東昇出版事業公司）。
7. 《尚書大傳》，五卷，四部叢刊初編第四四～四五冊。
8. 《國語》，二十一卷，嶄新校注本（台北，里仁書局，民國 69 年 9 月）。
9. 《呂氏春秋》，二十六卷，四部叢刊初編縮本，第二十四冊。
10. 《逸周書》，十卷，四部備要，第一一一○～一一一一冊。
11. 《墨子》，十五卷，四部叢刊初編第二十四冊。
12. 《楚辭》，十七卷，四部叢刊初編第四四～四五冊。
13. 《管子》，二十四卷，四部備要，第一三七八～一三八一冊。
14. 《莊子》，十卷，四部備要，第一四○八～一四一一冊。
15. 《荀子》，三卷，無求備齋荀子集成第四冊。
16. 《韓非子》，二十卷，四部叢刊本（台北，成文出版社，民國 69 年）。
17. 《穆天子傳》，六卷，四部備要，第一一二九冊。
18. 《帝王世紀》，一卷，叢書集成初編，第三七○一冊。
19. 《淮南子》，二十一卷，四部備要，第一六八一～一六八六冊。
20. 《史記》，一百三十卷，點校本，（台北，鼎文書局，民國 71 年 12 月）。
21. 《漢書》，一百卷，新校本，（台北，鼎文書局，民國 70 年 2 月）。

22. 《水經注》，酈道元撰，四十卷，點校本，（台北，世界書局，民國 69 年 5 月）。

23. 《後漢書》，九十卷，新校本，（台北，鼎文書局，民國 70 年 4 月）。

24. 《繹史》，一百六十卷，（台北，新興書局，民國 72 年），十冊。

25. 《說文解字注》，段玉裁著，十五卷（台北，黎明文化事業公司，民國 67 年 11 月）。

26. 《逸周書集訓校釋》，朱右曾著，十卷（台北，世界書局，民國 69 年 11 月）。

27. 《皇清經解》，一千四百二十卷，（台北，藝文印書館），二十冊。

28. 《日知錄》，顧炎武著，三十二卷（台北，文史哲出版社，民國 68 年 4 月）。

29. 《考信錄》，崔述著，（台北，世界書局，民國 68 年 10 月）。

30. 《毛詩稽古篇》，陳啟源著，三十卷（在皇清經解第二冊，卷六〇～八九。）

31. 《春秋大事表》，顧棟高撰，五十卷（台北，台灣商務印書館，民國 72 年）。

32. 《讀史方輿紀要》，顧祖禹撰，一百三十卷（台北，新興書局）。

33. 《括地志新輯》，王恢撰，六卷（台北，世界書局，民國 63 年 7 月）。

34. 《古本竹書紀年輯證》，方詩銘、王修齡合著，（台北，華世出版社，民國 72 年 2 月），頁 294。

乙、一般論著

（一）專書部分

一、中　文

1. 人文雜誌編輯部編，《西周史研究》（西安，人文雜誌叢刊第二輯，1984 年 8 月），393 頁。

2. 中國科學院考古研究所編著，《上村嶺虢國墓地》（考古學專刊丁種第十號）（北京，科學出版社，1950 年 10 月），82 頁。

3. 王國維，《定本觀堂集林》（台北，世界書局，民國 64 年 3 月），1233 頁。

4. 王國維，《王觀堂先生全集》（台北，文華出版公司，民國 57 年 3 月），十六冊。

5. 王世民、陳公柔、張長壽，《西周青銅器分期斷代研究》（夏商周斷代工程報告集）（北京，文物出版社，1999 年 11 月），256 頁。

6. 王迅，《東夷文化與淮夷文化研究》（北京，北京大學出版社，1994 年 4 月），157 頁。

7. 北京大學歷史系考古教研室商周組編,《商周考古》(北京,文物出版社,1979 年 1 月),278 頁。

8. 任偉,《西周封國考疑》(北京,社會科學文獻出版社,2004 年 8 月),398 頁。

9. 朱鳳瀚、張榮明,《西周諸王年代研究》(夏商周斷代工程叢書)(貴陽,貴州人民出版社,1998 年 7 月),512 頁。

10. 竹添光鴻,《毛詩會箋》(台北,大通書局,民國 64 年 9 月),2300 頁。

11. 竹添光鴻,《左傳會箋》(台北,漢京文化事業有限公司,民國 73 年 1 月)。

12. 杜正勝,《周代城邦》(台北,聯經出版事業公司,民國 70 年 8 月),220 頁。

13. 李仲操,《西周年代》(北京,文物出版社,1991 年 9 月),148 頁。

14. 李峰著,徐峰譯,《西周的滅亡──中國的早期國家的地理和政治危機》(上海,上海古籍出版社,2007 年 10 月),451 頁。

15. 李辰冬,《詩經通釋》(台北,水牛出版社,民國 61 年 8 月),1246 頁。

16. 李宗侗,《中國古代社會史》(台北華岡出版有限公司,民國 66 年 9 月),278 頁。

17. 李學勤,《新出土青銅器研究》(北京,文物出版社,1990 年)。

18. 李學勤,《夏商周年代學札記》(瀋陽,遼寧大學出版社,1999 年)。

19. 李亞農,《西周與東周》(上海,人民出版社,1956 年 1 月),200 頁。

20. 周書燦,《西周王朝經營四土研究》(鄭州,中州古籍出版社,2000 年 4 月),233 頁。

21. 屈萬里,《尚書釋義》(台北,中國文化大學出版部,民國 69 年),250 頁

22. 屈萬里,《詩經釋義》(台北,中國文化大學出版部,民國 69 年),439 頁。

23. 徐中舒,《上古史論》(台北,天山出版社,民國 75 年 2 月),400 頁。

24. 徐旭生,《中國古史的傳說時代》(台北,仲信出版社),頁 305。

25. 容庚,《商彝器通考》(北平,哈佛燕京學社出版,民國 30 年 3 月),512 頁。

26. 夏含夷,《古史異觀》(上海,上海古籍出版社,2005 年 12 月),482 頁。

27. 徐復觀,《中國人性論史》(台中,私立東海大學出版,民國 52 年 4 月),629 頁。

28. 徐復觀,《兩漢思想史卷一》(台北,台灣學生書局,民國 69 年 3 月),480 頁。

29. 張亞初、劉雨,《西周金文官制研究》(北京,中華書局,1986 年 5 月),197 頁。

30. 郭沫若，《兩周金文辭大系考釋》（台北，大通書局），254 頁。

31. 許倬雲，《求古編》（台北，聯經出版事業公司，民國 71 年），690 頁。

32. 許倬雲，《西周史》（台北，聯經出版事業公司，民國 73 年），337 頁。

33. 陳槃校編，《傅斯年全集》（台北，聯經出版事業公司，民國 69 年 9 月），七冊，2723 頁。

34. 陳槃，《春秋大事表列國爵姓及存滅表譔異》（史語所專刊之五十二，民國 48 年 4 月），七冊，1328 頁。

35. 陳夢家，《卜辭綜述》（台北，大通書局），708 頁。

36. 郭寶鈞，《中國青銅器時代》（北京，生活・讀書・新知三聯書店，1978 年 5 月），305 頁。

37. 楊伯峻，《春秋左傳註》（台北，源流文化事業有限公司，民國 71 年 4 月），1736 頁。

38. 楊寬，《西周史》（上海，上海人民出版社，1999 年 11 月），870 頁。

39. 葉達雄，《西周政治史研究》（台北，明文書局，民國 71 年 12 月），182 頁。

40. 楊寬，《古史新探》（北京，中華書局，1965 年 10 月），370 頁。

41. 楊寬，《天問疏證》（台北，木鐸出版社，民國 71 年 2 月），126 頁。

42. 楊樹達，《積微居金文說》（北京，科學出版社，1959 年 9 月）。

43. 齊思和，《中國史探研》（台北，弘文館出版社，民國 74 年 9 月），256 頁。

44. 趙鐵寒，《古史考述》（台北，正中書局，民國 64 年 2 月），465 頁。

45. 錢穆，《古史地理論叢》（台北，東大圖書公司，民國 71 年 7 月），283 頁。

46. 錢穆，《史記地名考》（台北，三民書局，民國 72 年，3 月）。

47. 錢宗范，《周代宗法制度研究》（桂林，廣西師範大學出版社，1989 年 7 月），397 頁。

48. 瞿同祖，《中國封建社會》（台北，里仁書局，民國 73 年 6 月），409 頁。

二、日　文

1. 中國古代史研究會編，《中國古代史研究第二》（東京，吉川弘文館，昭和 40 年 5 月），376 頁。

2. 白川靜，《金文の世界》（東京，平凡社，昭和 49 年 7 月）。301 頁。

3. 伊藤道治，《中國古代王朝の形成》（東京，創文社，昭和 51 年 10 月），367 頁。

4. 松丸道雄編，《西周青銅器とその國家》（東京，東京大學出版會，1980 年 6 月），470 頁。

5. 貝塚茂樹，《中國古代史學の發展》（東京，弘文堂書房，1967 年 7 月），

377 頁。

6. 貝塚茂樹，《中國古代再發現》（東京，岩波書店，1979 年 4 月），214 頁。

三、英　文

1. Kwang-Chih Chang, *The Archaeology of Ancient China*（台北，南天書局有限公司，民國 68 年 10 月），483 頁。

2. H.G.Creel, *The Origins of Statecraft in China*（台北，虹橋書店，民國 64 年 4 月），506 頁。

（二）論文部分

一、中　文

1. 于省吾，〈利簋銘文考釋〉，《文物》，1977 年第八期，頁 10～12。

2. 王光鎬，〈黃陂魯台山西周遺存國屬初論〉，《江漢考古》，1983 年第四期，頁 58～68。

3. 王明閣，〈從金文中看西周土地王權所有制的變化〉，收於《西周史研究》，頁 67～70。

4. 王冠英，〈西周的外服及其演變〉，《歷史研究》，1984 年第五期，頁 80～99。

5. 尹盛平，〈玁狁、鬼方的族屬及其與周族的關係〉，《人文雜誌》，1985 年第一期，頁 69～74。

6. 王培眞，〈金文中所見西周世族的產生和世襲〉，收於《西周史研究》，頁 174～191。

7. 北洞文物發掘小組，〈遼寧喀左縣北洞村出土的殷周青銅器〉，《考古》，1973 年第六期，頁 364～372。

8. 朱鴻，〈論魯國『一生一及』的君位繼承制度〉，《師大歷史學報》第九期（民國 70 年 5 月），頁 39～50。

9. 杜乃松，〈從列鼎制度看“克己復禮”的反動性〉，《考古》，1976 年第一期，頁 16～21。

10. 杜正勝，〈周代封建的建立——封建與宗法（上）〉，《史語所集刊》，第五十本第三分（民國 68 年 9 月），頁 485～550。

11. 杜正勝，〈周代封建制度的社會結構——封建與宗法（下）〉，《史語所集刊》，第五十本第三分（民國 68 年 9 月），頁 551～613。

12. 李志庭，〈西周封國的政區性質〉，《杭州大學學報》，第十一卷第三期（1981 年 9 月），頁 48～53。

13. 沈長雲，〈金文所見西周王室經濟〉，收於《西周史研究》，頁 78～88。

14. 沈長雲，〈玁狁、鬼方、姜氏之戎不同族別考〉，《人文雜誌》，1983 年第

三期，頁 75～81。

15. 宋建，〈關於西周時期的用鼎問題〉，《考古與文物》，1983 年第一期，頁 72～79。

16. 何幼琦，〈西周四世軼史初探〉，《江漢考古》，1983 年第二期，頁 57～60，73。

17. 吳浩坤，〈西周和春秋時代宗法制度的幾個問題〉，《復旦學報》，1984 年第一期，頁 87～92。

18. 李根蟠、盧勳，〈略論西周與西双版納傣族封建經濟制度的差異——與馬曜、繆鸞和同志商榷〉，《民族研究》，1980 年第六期，頁 40～49。

19. 吳其昌，〈金文麻朔疏證〉，《燕京學報》第六期（民國 18 年 12 月），頁 1047～1128。

20. 李晃世，〈金文學、甲骨學的研究與中國上古史的關係〉，《成大歷史學報》第八期（民國 70 年 9 月），頁 21～72。

21. 李學勤、唐雲明，〈元氏銅器與西周的邢國〉，《考古》，1979 年第一期，頁 56～59，88。

22. 李學勤，〈岐山董家村訓匜考釋〉，《古文字研究》第一輯（1979），頁 149～156。

23. 李學勤，〈西周中期青銅器的重要標尺——周原莊白、強家兩處青銅器窖藏的綜合研究〉，《中國歷史博物館館刊》，1979 年第一期，頁 29～36。

24. 李學勤，〈西周甲骨的幾點研究〉，《文物》，1981 年第九期，頁 7～12。

25. 李學勤，〈論多友鼎銘的時代及其意義〉，《人文雜誌》，1981 年第六期，頁 87～92。

26. 李學勤，〈師同鼎試探〉，《文物》，1983 年第六期，頁 58～61。

27. 李學勤，〈兮甲盤與駒父盨——論西周末年周朝與淮夷的關係〉，收於《西周史研究》，頁 266～277。

28. 李學勤，〈論邑鼎及其反映的西周制度〉，《中國史研究》，1985 年第一期，頁 95～102。

29. 吳鎮烽、雒忠如，〈陝西省扶風縣強家村出土的西周銅器〉，《文物》，1975 年第八期，頁 57～62。

30. 周瑗，〈矩伯、裘衛兩家族的消長與周禮的崩壞〉，《文物》，1976 年第六期，頁 45～50。

31. 屈萬里，〈西周史事概述〉，《史語所集刊》，第四十二本第四分（民國 60 年 12 月），頁 775～802。

32. 俞偉超，〈尋找楚文化淵源的新線索〉，《江漢考古》，1982 年第二期，頁 1～6。

33. 俞偉超、高明，〈周代用鼎制度（上）〉，《北京大學學報》，1978 年第一期，頁 84～98。

34. 俞偉超、高明，〈周代用鼎制度（中）〉，《北京大學學報》，1978 年第二期，頁 84～97。

35. 俞偉超、高明，〈周代用鼎制度（下）〉，《北京大學學報》，1979 年第一期，頁 83～96。

36. 徐中舒，〈殷周文化之蠡測〉，《史語所集刊》，第二本第三分（民國 20 年 4 月），頁 275～286。

37. 徐中舒，〈禹鼎的年代及其相關問題〉，《考古學報》，1959 年第三期，頁 53～65。

38. 徐中舒，〈西周牆盤銘文箋釋〉，《考古學報》，1978 年第二期，頁 139～148。

39. 陝西周原考古隊，〈陝西扶風莊白一號西周青銅器窖藏發掘簡報〉，《文物》，1978 年第三期，頁 1～8。

40. 陝西周原考古隊，〈陝西岐山鳳雛村發現周初甲骨文〉，《文物》，1979 年第十期，頁 38～43。

41. 馬承源，〈關於翏生盨和者減鐘的幾點意見〉，《考古》，1979 年第一期，頁 60～65。

42. 晏琬，〈北京、遼寧出土銅器與周初的燕〉，《考古》，1975 年第五期，頁 274～279，270。

43. 唐蘭，〈宜侯矢𣪘考釋〉，《考古學報》，1956 年第二期，頁 79～83。

44. 唐蘭，〈西周銅器斷代中的"康宮"問題〉，《考古學報》，1962 年第一期，頁 15～48。

45. 唐蘭，〈陝西省岐山縣董家村新出西周重要銅器銘辭的釋文和注釋〉，《文物》，1976 年第五期，頁 55～59，63。

46. 唐蘭，《用青銅器銘文來研究西周史——綜論寶雞市近年發現的一批青銅器的重要歷史價值》，《文物》，1976 年第六期，頁 31～37。

47. 唐蘭，〈𣄞尊銘文解釋〉，《文物》，1976 年第一期，頁 60～63。

48. 唐蘭，〈略論西周微史家族窖藏銅群的重要意義〉，《文物》，1978 年第三期，頁 19～24，42。

49. 唐蘭，〈論周昭王時代的青銅器銘刻〉，《古文字研究》第二輯（1981 年 1 月），頁 12～162。

50. 郭沫若，〈矢𣪘銘考釋〉，《考古學報》，1956 年第一期，頁 7～9。

51. 張以仁，〈國語集證卷一（上）〉，《史語所集刊》，第四十四本第一分（民國 61 年 7 月），頁 89～151。

52. 張亞初，〈周厲王所作祭器𣪘𥾝考——兼論與之相關的幾個問題〉，《古文

字研究》第五輯（1981 年 3 月），頁 151～168。

53. 陳全方，〈早周岐邑初探〉，《文物》，1979 年第十期，頁 44～49。

54. 張秉權，〈卜辭中所見殷商政治統一的力量及其達到的範圍〉，《史語所集刊》，第五十本第一分（民國 68 年 3 月），頁 175～229。

55. 張政烺，〈周屬王胡簋釋文〉，《古文字研究》第三輯（1980 年 11 月），頁 104～119。

56. 黃盛璋，〈駒父盨蓋銘文研究〉，《考古與文物》，1983 年第四期，頁 52～56。

57. 黃盛璋，〈銅器銘文宜、虞、矢的地望及其與吳國的關係〉，《考古學報》，1983 年第三期，頁 295～304。

58. 黃盛璋，〈多友鼎的歷史與地理問題〉，《古文字論集（一）》（考古與文物叢刊第二號，1983 年 11 月），頁 12～20。

59. 黃盛璋，〈玁狁新考〉，《社會科學戰線》，1983 年第二期，頁 142～149。

60. 陳漢平，〈冊命金文所見西周輿服制度〉，收於《西周史研究》，頁 192～206，161。

61. 陳夢家，〈西周銅器斷代（一）〉，《考古學報》，1955 年第九冊，頁 137～175。

62. 陳夢家，〈西周銅器斷代（二）〉，《考古學報》，1955 年第十冊，頁 69～142。

63. 陳夢家，〈西周銅器斷代（三）〉，《考古學報》，1956 年第一期，頁 65～114。

64. 陳夢家，〈西周銅器斷代（四）〉，《考古學報》，1956 年第二期，頁 85～94。

65. 陳夢家，〈西周銅器斷代（五）〉，《考古學報》，1956 年第三期，頁 105～127。

66. 陳夢家，〈西周銅器斷代（六）〉，《考古學報》，1956 年第四期，頁 85～122。

67. 葉達雄，〈西周兵制的探討〉，《台灣大學歷史學報》第六期，頁 1～16。

68. 裘錫圭，〈史墻盤銘解釋〉，《文物》，1978 年第三期，頁 25～32。

69. 楊英傑，〈先秦戰車制度考釋〉，《社會科學戰線》，1983 年第二期，頁 150～154。

70. 楊寬，〈西周時代的楚國〉，《江漢論壇》，1981 年第五期，頁 101～108。

71. 楊寬，〈西周春秋時代對東方和北方的開發〉，《中華文史論叢》，1982 年第四輯，頁 109～132。

72. 楊寬，〈西周王朝公卿的官爵制度〉，收於《西周史研究》，頁 93～119。

73. 楊寬，〈西周中央政權機構剖析〉，《歷史研究》，1984 年第一期，頁 78～91。

74. 齊文濤，〈概述近年來山東出土的商周青銅器〉，《文物》，1972 年第五期，頁 3～18。

75. 劉雨，〈多友鼎銘的時代與地名考訂〉，《考古》，1983 年第二期，頁 152 ～157。

76. 熱河省博物館籌備組，〈熱河凌源縣海島營子村發現的古代青銅器〉，《文物參考資料》，1955 年第八期，頁 16～27。

77. 劉啓益，〈微氏家族與西周銅器斷代〉，《考古》，1978 年第五期，頁 314 ～317。

78. 劉啓益，〈西周屬王時器與「十月之交」的時代〉，《考古與文物》，1980 年第一期，頁 80～85。

79. 劉翔，〈多友鼎銘兩議〉，《人文雜誌》，1983 年第一期，頁 82～85。

80. 劉翔，〈周夷王經營南淮夷及其與鄂之關係〉，《江漢考古》，1983 年第三期，頁 40～46。

81. 劉翔，〈周宣王征南淮夷考〉，《人文雜誌》，1983 年第六期，頁 66～69。

82. 劉德漢，〈先秦繼承及宗法制度略論〉，《孔孟學報》第十八期（民國 58 年 9 月）頁 153～186。

83. 錢宗范，〈西周春秋時代卿大夫世族內部的宗法制度〉，《歷史論叢》第二輯（1981 年 3 月），頁 115～147。

84. 穆海亭、朱捷元，〈新發現的西周王室重器五祀猷鐘考〉，《人文雜誌》，1983 年第二期，頁 118～121。

85. 盧連成，〈斥地與昭王十九年南征〉，《考古與文物》，1984 年第六期，頁 75～79。

86. 遼寧省博物館等，〈遼寧喀左縣北洞村發現殷代青銅器〉，《考古》，1973 年第四期，頁 225～226，257。

87. 羅西章，〈陝西扶風發現西周屬王猷段〉，《文物》，1979 年第四期，頁 89 ～91。

88. 羅福頤，〈郿縣銅器銘文試釋〉，《文物參考資料》，1957 年第八期，頁 70。

89. 龐懷清、吳鎮烽、雒忠如、尚志儒，〈陝西省岐山縣董家村西周銅器窖穴發掘簡報〉，《文物》，1976 年第五期，頁 26～44。

二、日　文

1. 白川靜，〈西周史略〉，《金文通釋》第四六、四七輯（昭和五十二年）。

2. 豐田久，〈周王朝の君主權の構造〉，《東洋文化》第五十九號（1979 年 3 月），頁 197～261。

附錄一：試論商代宗教信仰型態的演變

（原載於《中國歷史學會史學集刊》第 30 期，民國 87 年 10 月）

提　要

　　根據人類學家研究，遠古時代先民們曾經歷一段「泛靈信仰」階段。到了商代，商人的宗教信仰有了一番較大的轉變。由卜辭所見，商人的宗教信仰約可分為三大系統：一是天神崇拜，二是自然崇拜，三是祖先崇拜，其中又以天神崇拜與祖先崇拜最為重要，構成了周代以後中國宗教信仰的主要型態。武丁時代，上帝的崇拜似乎高於祖先崇拜。但從祖甲到帝乙、帝辛時期，商王室逐漸發展出繁複隆重的五種祭祀，來祭祀先王先妣，諸神祭祀相形之下遜色甚多，似乎商人重視祖先崇拜的程度，已超越天神崇拜。此時上帝的神統似乎還在形成的階段，上帝與諸神和商人祖先的關係，還不太明確。

　　就另一個角度而言，天神崇拜、祖先崇拜與商代的王權和宗法制度的發展，是息息相關的。商代晚期發展出的五種祭祀，區分直系與旁系，其核心意識實際上就是祖先崇拜與親親意識，這種精神與制度，直接影響到周人的宗法制度。

　　在另一方面，周人克商之後，提出了「天命觀」的理論，強調敬天、尊德、保民的思想，被許多學者視為商周宗教思想或人文精神的大變革。但這種見解似乎有值得商榷的地方，在商王朝的時代，商人已擁有四百多年的歷史文化，其文明相當發達，周則是僻處西方的「小邦周」，雖經太公、季歷、文王數代的經營，周人的文化思想應還落後於商人，周禮大致上是繼承殷禮而來的。文化思想的進步，通常是呈漸進式的變化，而非突發式的劇烈轉變，何況卜辭的內容能代表多少殷人的思想文化，本身是個問題，加之以戰勝國

的片面資料去解釋亡國的歷史文化，往往容易失之偏頗。因此周人的天命觀有可能是繼承殷人而來，只是周人將它改造得更爲深刻、更爲強調而已。根據文獻記載和卜辭資料，一般人的印象是殷人尚鬼，周人尚德，這樣的論斷似乎過於籠統，我們對於殷人的宗教思想或人文思想，似乎應給予另一番的評估。

一、前　言

　　根據人類學家的田野調查研究，自原始社會以來，宗教幾乎是全世界先民的普遍信仰。爲甚麼先民們普遍具有宗教信仰，人類學家持有多種不同的意見，總括起來大致上有下列幾種說法：一、對陌生環境的心理恐懼；二、源於社會習俗；三、對自然勢力的恐懼；四、相信神秘力；五、鬼魂、精靈信仰；六、泛靈信仰。〔註1〕長期以來，許多人咸將宗教視爲迷信，加以鄙視或擯斥。事實上，根據人類學家的研究成果顯示，許多「原始」民族，其宇宙論的完備和複雜程度，已超乎現代人的想像之外。〔註2〕宗教信仰具有多種社會功能，能啓迪人類心智，不能單純視其爲迷信，而輕率地否定它的價值與貢獻，著名的人類學家馬凌諾斯基（Bionislaw Malinowski）說：「現代人類學有一項成就，是我們用不著懷疑的，那就是認知：巫術和宗教，不僅是一種教義或一種哲學，也不僅是一組聰明的見解，同時也是一種特的生活方式，一種理性、感覺、意志等所形成的實際態度。既是行爲方式，同時也是信仰體係，既是社會現象，同時也是個人經驗。」〔註3〕它具有延續傳統和創造文化的功能。〔註4〕

　　原始時代普遍流行泛靈信仰，到了商代，鬼神崇拜的思想依然非常濃厚。根據典籍記載，商人極爲崇奉鬼神，《禮記‧表記》載孔子之言曰：「殷人尊神，率民以事鬼，先鬼而後禮。」地下出土的卜辭資料，也證實了這項記載。根據卜辭，商代晚期商人廣泛地祭祀天神地祇，最重要的是祖先崇拜。天神

〔註1〕參閱林惠祥，《文化人類學》（臺北，臺灣商務印書館，民國68年1月。初版：民國23年），頁276～280。

〔註2〕基辛（R. Kessing）著，張恭啓、于嘉雲譯，《文化人類學》（臺北，巨流圖書公司，民國78年），頁387。

〔註3〕馬凌諾斯基著，朱岑樓譯，《巫術、科學與宗教》（臺北，協志工業叢書出版公司，民國67年9月），頁34。

〔註4〕馬凌諾斯基，《巫術、科學與宗教》，頁22。

崇拜和祖先崇拜具有那些意義？兩者關係如何？據《竹書紀年》記載和學者的考訂，〔註5〕從盤庚到帝辛失國，共有二百七十三年，在這近三百年間，商人的宗教思想是否有所轉變，抑或一成不變？另外，西周初期出現了「天命觀」的思想，被譽爲中國人文思想的自覺與躍升，〔註6〕它與商人的宗教思想有何異同？本文想就這些問題嘗試做一些討論。

二、商人的天神崇拜和祖先崇拜

（一）天神、地祇的崇拜

商王室廣泛崇奉各類鬼神，凡事都要經過占卜，視其吉凶，然後決定行止。占卜的行爲，本身就是一種巫術，它是利用龜甲與獸骨之類所謂的靈物作爲媒介，向神靈祈求啓示，以解決現實生活中所遭遇的種種問題。依據卜辭資料，陳夢家先生將商人祭拜的鬼神分爲三類：

甲、天神——上帝、日、東母、西母、雲、風、雨、雪。

乙、地示——社、四方、四戈、四巫、山、川。

丙、人鬼——先王、先公、先妣、諸子、諸母、舊臣。〔註7〕

上帝是最高神，具有很大的權威，能控制自然現象，支配天神地祇，操縱人的生存禍福，祂是管理自然與下國的主宰。就卜辭資料所見，上帝具有下列的能力：（1）令雨，（2）令風，（3）令隮（雲霞之氣），（4）降莫，（5）降禍，（6）降戲，（7）降食，（8）降若，（9）受若（授佑），（10）授年戋年，（11）作邑。亦有關天時、年成、戰爭、作邑、王之行動等等事項的好壞成敗，都須取決於上帝的喜惡。上帝不但施令於人間，祂自己也有朝廷，有使、臣以供驅使。〔註8〕卜辭中並無明顯祭祀上帝的記錄，因此有些學者如胡厚宣、

〔註5〕見朱佑曾，《汲冢紀年存眞》，轉引自方詩銘、王修齡，《古本竹書紀年輯證》（臺北，華世出版社，民國72年2月），頁80。

〔註6〕徐復觀，《中國人性論史——先秦篇》，第二章「周初宗教中人文精神的躍動」（臺北，臺灣商務印書館，民國58年）。

〔註7〕見陳夢家，《殷虛卜辭綜述》（台北，大通書局），頁562。

〔註8〕如下列卜辭：

于帝史鳳二犬？（《卜辭通纂》三九八）

于帝臣，又雨？（《殷墟文字甲編》七七九）

又于帝五臣，又大雨？

王又歲于帝五臣正，隹亾雨？

秋于帝五工臣，才且乙宗卜？（《殷墟粹編》一二）

伊藤道治諸先生，認爲上帝是至上無尊，不受人間享祭。〔註9〕但也有的學者如島邦男、張秉權等先生，主張上帝有受享祭祀。〔註10〕依常理推斷，上帝既爲商人崇奉的最高神，似應有祭祀之禮。

（二）祖先崇拜

日、東母、西母、雲、風、雨、雪、社、四方、四戈、四巫、山、川等，都是屬於自然崇拜，另外還有星神的祭祀。東母、西母，大概是指日、月神；四戈、四巫可能是神名，四戈又可指方域；山有十山、五山，不能確定是那幾座山；川有河、洹、洹泉、滴、𡿺水、渦、商、小泉等。〔註11〕在這些自然神靈的祭祀中，有下列幾種現象值得注意；第一，商代的農業已經比較發達，商人對農業氣象非常注重，經常祭祀雲、雨、風、雪、山、川諸神，但在商人的心目中，這些神靈受到上帝的管轄，衪們在行使能力時，必須徵得上帝的同意，因此商人在祭祀這些神靈時，往往也要一起祭祀上帝，不過這種現象在商代晚期有所改變，這些神靈逐漸成爲興雲致雨的主體，不須受到上帝的節制，亦即商人不再透過上帝，而直接向諸神靈求祀。〔註12〕第二，商人祭祀社神（即土地神），各地有各地的社神，如亳社、邦社、夏社等，並將全國分爲東西南北四大區域加以祭祀，所謂「四方」即爲四方的社神，是求雨祈年的對象。

商人對天神、地祇、人鬼的祭祀非常頻繁，祭祀的種類也很多。商代祭祀的種類究竟有多少，實在很難確定，因爲有一些祭祀名稱，似乎是祭儀而非祭名，因此祭祀種類的多少，就很難獲得一致的看法。根據陳夢家的研究，商代的祭名有三十七種，分爲七類：〔註13〕第一類，祭名而爲記日之名者——翌日、

　　　帝五工〔臣〕，其三牢？
　　　其中鳳是上帝的使者，五臣正、五工臣大概是帝庭的執事人員。
〔註9〕 胡厚宣，《甲骨學商史論叢》初集（臺北，大通書局），頁292。伊藤道治，《殷代史的研究》，收錄於樋口隆康主編，蔡鳳書譯，《日本考古學研究者中國考古學研究論文集》（香港，東方書店，1990年），頁207。
〔註10〕 島邦男云：「『帝』是受享祭祀的，其或於宗廟受享禘祀，或於四方之郊受享榮祀。」見《殷墟卜辭研究》（溫天河、李壽林譯。臺北，鼎文書局，民國64年12月），頁197。
〔註11〕 陳夢家，《殷虛卜辭綜述》，頁574、578、590、596、597。
〔註12〕 陳志東，〈殷代自然災害與殷人的山川崇拜〉，《世界宗教研究》，1985年第2期，頁30。
〔註13〕 陳夢家，〈古文字中的商周祭祀〉，《燕京學報》第19期（民國25年6月）。

肜日、肜夕、夕、歲、祀、丁；第二類，以所薦祭之物爲名者——祭、裸、酒、畀、庫、羞、登、叔；第三類，以所祭之法爲名者——血、燎；第四類，祈告之祭——告、冊、禱、祝、先、兌、舞；第五類，合祭——衣、舀、舞；第六類，特殊之祭——祊、帝、巳、狡；第七類，無所屬者——又、屮、遘、御、侖、戠。商人崇奉鬼神範圍之廣泛、祭典之繁複，恰與《禮記》所謂「殷人尊神，率民以事鬼」，若合符節。

祖先崇拜是鬼神崇拜中特別發達的一種，世界上實行祖先崇拜的民族很多。〔註14〕商代的祖先崇拜具有下列三項特色：一、武丁時代祭祀的對象包括先公先王、舊臣和先妣等；二、到了帝乙、帝辛時期形成一套周密的五種祭祀，原來的先公、舊臣和先妣被排除在五種祭祀之外；三、已立廟祭祀神先。

商人相信，死去的祖先，在冥冥之中仍然視察子孫的行爲，或加以保佑，或予以懲罰，因此對祖先的祭祀相當隆重。武丁時代祭祀的範圍較爲廣泛，先公先王、著名的舊臣和先妣，都予以祭祀。先公先王有高祖夒、王亥、上甲、示壬、太甲、祖乙、祖丁等，舊臣主要的是伊尹和巫咸等，先妣則是自示壬妣庚以下者。陳夢家先生認爲王、妣、臣屬於一大類，先公、王亥等屬另一大類，前一類對於時王及商王國有作祟的威力，後一類的祈求目地是雨和年成，但這兩類也不是截然劃清的，少數的王、妣、臣也是祈雨求年的對象，一部份的先公也會爲祟於王或佑王。〔註15〕

五種祭祀是指翌、祭、肜、舀、彡五個祀典而言，商王室以這五種祀典輪流祭祀先王先妣。五種祭祀在武丁時代，還凌亂沒有次序，祖甲時代加以系統組織，帝乙、帝辛時期發展成爲一套嚴密的周祭制度。這五種祀典又可分爲三類，彡和翌祭是分別舉行，祭、肜、舀三種聯合舉行，由於商代先生先妣的廟號是以十天干取名，故祭祀時採取"甲日祭甲"、"乙日祭乙"的原則。有關祭祀的大致情形，陳夢家謂：「"祭祀周"以旬爲單位，每旬十日皆依天干甲乙丙丁爲序，商王、妣以天干爲廟號，即依世次及各王、妣廟號

〔註14〕 如吠陀人、非州尼格羅人、新加列頓尼亞人，古代的羅馬人、閃族人、日本人等。見林惠祥：《文化人類學》，頁306。

〔註15〕 其中伊尹、王亥、上甲的神威特別顯赫。不僅是祈雨求年得對象，同時也是作戰祈勝的對象。另外，先妣的神威主要表現在求生王子、疾王、祟王上，她們對商王的子嗣和商王的健康情形，具有很大的影響力。見陳夢家，《殷虛卜辭綜述》，頁351。

之天干順序而祭。如第一旬甲日祭上甲、乙日祭報乙以至報丙、報丁、示壬、示癸六世，第二旬祭大乙、大丁，第三旬祭大甲、外丙。每旬之祭，我們稱之為"小祀周"。當祖甲時，從上甲至祖庚行"羽（翌）日之祭"凡九旬而畢，此九旬即"羽日"之季，我們稱之為"祀季"或"中祀周"。凡用"羽日""日""日"三種祭法遍祀其先王與其法定配偶一周而畢，即稱為"一祀"，我們稱之為"大祀周"。」〔註 16〕如此輪祭一周，恰約一年。另外，在三大類祀典施行之前，都先舉行一種"工典"儀式，工即貢字，典猶冊，工典可能是上祭譜及日期等文冊於先祖妣靈前的儀式。〔註 17〕這麼繁複隆重的祖先祭祀，在中國歷史上可謂空前絕後。

祖廟是中國文化的特色之一，《禮記・王制》曰：「天子七廟、諸侯五廟、大夫三廟、士一廟、庶人祭於寢。」為祖先立廟，已見於卜辭。商代無廟稱，但小屯考古挖掘有發現宗廟的建築遺蹟，〔註 18〕卜辭中的「宗」字即相當於後世的宗廟。「宗」大致可分成三類：一、集合的宗廟：大宗、小宗，大宗是祭祀直系先祖，大宗是祭祀直系先祖，小宗是祭祀旁系先祖；二、個人的宗廟：大乙宗、中丁宗、祖辛宗、武乙宗等；三、意義不詳者：中宗、亞宗、新宗、舊宗、又宗、西宗、北宗等。《禮經》說天子七廟，六世以上先祖因親盡而祧，由卜辭的記載看來，商人遍祭其先公先王，並無親盡而祧之制。〔註 19〕

三、商人天神崇拜與祖先崇拜的深層結構

遠古的宗教信仰往往是處於多神崇拜、群神無首的狀態，商人尊崇上帝，上帝至尊獨大，統馭諸神，主宰天上人間，顯示中國古代宗教，已由多神崇拜逐漸轉變為一神崇拜，這種轉變過程需要一段相當時間。宗教信仰的內容，通

〔註 16〕 五種祭祀最先由董作賓提出，稱之為「五祀統」（見《殷曆譜》），後來陳夢家稱之為「周祭」（見《殷虛卜辭綜述》），常玉芝亦沿用此名（見《商代周祭制度》，北京，中國社會科學出版社，1987 年）。島邦男（《殷墟卜辭研究》）與許進雄（《殷卜辭中五種祭祀的研究》，臺北市，《臺大文史叢刊》23，民國 57 年），則稱之為「五種祭祀」。

〔註 17〕 董作賓，《殷曆譜》下編，卷二頁 2 下（《中央研究院歷史語言研究所專刊》之 23，民國 34 年 4 月）。

〔註 18〕 石璋如，〈小屯殷代的建築遺蹟〉，《中央研究院歷史語言研究所集刊》第二十六本（民國 44 年 6 月）。

〔註 19〕 黃然偉，〈殷禮考實〉，（《國立臺灣大學文史叢刊》之 23，民國 56 年 7 月），頁 72。

常是人間社會生活的反映，胡厚宣先生認為，宗教信仰和天神崇拜，都是一種意識型態，結合著社會上專制人的出現，全能帝的崇拜才因而產生。〔註20〕有的學者指出：商人的上帝具有最高權威，可以支配自然、社會現象，當與殷商王朝的建立，要求宗教上出現一個比原有諸神更強而有力的大神來維護其統治權威。換言之，人間號令上的統一，相應地需要一個對天上諸現象和社會上主要問題具有無限權威的神來維護它，而且就宗教的發展而言，到了一定的階段也需要出現一個有權威的大神，以解釋複雜的天象過程。〔註21〕宗教學的研究也指出，隨著社會組織的逐漸嚴密，神靈世界也逐漸被它的信奉者組織和統一起來，構成一定的秩序，所謂秩序總是包含著從屬與支配，服從與主宰的關係，於是便出現了支配這種秩序，統率眾多種靈的至上神。〔註22〕

商代的國家組織已經較為複雜，商王自稱「余一人」，擁有很大的權威，下設各類臣正、武官、史官，卜辭中上帝有「五臣」（或五臣正、五工臣），似乎是商王朝官制的反映。

商人雖以上帝為最高神，但從卜辭資料看來，諸神的地位及其與上帝的關係，似乎還不太明確。例如，商人卜問禍福吉凶的對象是他們的祖先，另外，有的學者指出：商人對農業氣象非常注重，經常祭祀雲、雨、風、雪、山、川諸神，在商人的心目中，這些神靈受到上帝管轄，祂們在行使能力時，必須徵得上帝的同意，不過這種現象商代晚期有所改變，這些神靈逐漸成為興雲致雨的主體，不須受到上帝的節制，亦即商人不再透過上帝，而直接向諸神靈求祀。〔註23〕因此，直到商代晚期，商人祖先、諸神的地位及其與上帝的關係，似乎還不太明確，朱鳳瀚先生認為上帝的神統還在形成的初期階段，上帝的權威尚未達到無限，作為整個商人神靈體系中的至上神的形象，在卜辭中似乎尚未建立起來。〔註24〕

祖先崇拜源遠流長，大概是人類最早的宗教信仰之一，同時也是最深刻的一種。〔註25〕因為人生之於父母，育之於父母，那一份血肉感情是難以言

〔註20〕胡厚宣，〈殷卜辭中的上帝（下）〉，《歷史研究》，1959 年第 10 期，頁 49。

〔註21〕朱天順，《中國古代宗教初探》（臺北，谷風出版社，民國 75 年 10 月），頁 246。

〔註22〕呂大吉主編，《宗教學通論》（臺北，博遠出版有限公司，民國 82 年 4 月），頁 193。

〔註23〕陳志東，〈殷代自然災害與殷人的山川崇拜〉，《世界宗教研究》，1985 年第 2 期，頁 30。

〔註24〕朱鳳瀚，〈商周時期的天神崇拜〉，《中國社會科學》，1993 年第 4 期，頁 197。

〔註25〕西方學者赫伯特‧史賓塞認為祖先崇拜應當被看成是宗教的第一泉源和開

喻的。一旦父母過世，那一份孺慕依賴之心，依舊難以消除，便會想像父母只是血肉之軀已壞，但靈魂尚存在不滅，還在自己左右呵護和懲處自己爲人處世的得失，這種心理與思想，是人性中至爲深刻的一面。準此而論，祖先崇拜不僅源遠流長，而且形成了最重要的宗教信仰之一。商人尊上帝爲至上神，並安排祖先與上帝有密切關係，卜辭中常有商人祖先「賓于帝」的記載，賓是儐導之儐，〔註26〕指商人祖先在上帝左右儐導上帝，說明了在商人心目中祖先地位之重要性。

據《竹書紀年》記載和學者的考訂，商代自盤庚遷殷，至紂王失國，共二百七十三年，在這將近三百年的時間中，商人的思想信仰不可能一成不變，由卜辭所見，商代的祖先崇拜意識有日益加強的趨勢。在武丁時代，祖先崇拜的意識已相當濃厚，商人的祖先既是祈雨求年的對象，又是上帝的儐者，地位相當崇高，影響力也很大，不過這時也盛行上帝和其他山川鬼神的崇拜，此時祖先崇拜與其他鬼神崇拜地位相等。但到了帝乙、帝辛時期，卜辭中盛行五種祭祀，其他鬼神的祭祀甚爲少見，有學者指出：卜辭中關於祖先神的有 15000 多條，而關於帝的僅有 600 多條，殷人祭祖的犧牲、人牲常以數十數百爲限，而對帝只提出問題，很少奉獻祭品。〔註27〕故殷商晚期祖先崇拜已居於主要地位，上帝和其他鬼神的崇拜淪爲次要地位。〔註28〕陳夢家先生曾謂：商代的祖先崇拜隆重，祖先崇拜與天神崇拜的逐漸接近、混合，已爲殷以後的中國宗教樹立了規範，即祖先崇拜壓倒了天神崇拜。〔註29〕

以祖先崇拜爲核心，商人發展出一套「宗法制度」。武丁時代遍祀先公先王，但在帝乙、帝辛時代，只祭祀上甲以下的先王先妣，上甲以上的先公遠祖被排除在祀典之外。卜辭中的「大宗」祭祀自上甲以下的直系先王，「小宗」祭祀自大乙以下的旁系先王，這是一種重直系、別親疏的現象，顯示因親疏遠近的不同，商王室對先王的祭祀也有所差別。

就宗族組織而言，卜辭中出現「王族」、「多子族」、「三族」、「五族」等

端，至少是最普遍的宗教母題之一。轉引自卡西爾（Ernst Cassire）著，結構群審譯，《人論》（An Essay on Man）（臺北，結構群事業公司，民國 80 年 12 月），頁 133。

〔註26〕郭沫若，《卜辭通纂》（臺北，大通書局），頁 16。

〔註27〕晁福林，〈論殷人神權〉，《中國社會科學》，1990 年第 1 期。

〔註28〕金經一，〈甲文所見殷人崇祖意識型態之研究〉，第四章「殷代崇神崇祖意識之演化及分期」（中國文化大學中文研究所博士論文，民國 76 年 6 月）。

〔註29〕陳夢家，《殷虛卜辭綜述》，頁 562。

名稱。王族是由時王及其親子為骨幹所組成的家族；多子族是由先王部份未繼承王位的王子，在其父王卒後從王族中分化出去所建立的家族；三族、五族其義未詳；另外還有一些與商王同姓的貴族不稱"子"者，可能是多子族的後裔。以上這些子姓親族之間，實際上是以他們與時王血緣關係的疏近，形成一種分層的網狀結構。〔註30〕《左傳》曾記載商人的宗族結構道：「分魯公以……殷民六族：條氏、徐氏、蕭氏、索氏、長勺氏、尾勺氏，使帥其宗氏，輯其分族，將其類醜，以法則周公，用即命于周。」（定公四年衛祝佗語）可見商人的宗族組織分成宗氏、分族兩大層次。商亡國後，魯分得殷氏六族，衛分得七族，另有一部分「殷頑民」被遷到洛邑，看來商人的分族數目不少，其宗族結構已頗為複雜。

整個商王族最高的領袖是商王，經由下列祭祀活動可以略窺這位王族族長的權責：一、五種祭祀由商王直接指揮進行，王室的占卜機構均依照商王的旨意進行占卜；二、卜辭中可以見到一種由商王主持的大規模饗祭，參加的成員有"多子"、"多生"、"多君"等，他們大概是王室的重要貴族和族長，他們是否可以集體參與饗祭，都要由商王通過占卜來決定，饗祭可能是對先王的合祭；三、商王會為同姓族長和其他同姓貴族舉行攘災之祭，求祐于先王先妣。〔註31〕這些情況顯示祖先崇拜是凝聚宗族的核心意識，商人既相信祖先能降予他們福咎，各同姓宗族首領都要到宗廟祭祀先祖，主祭人是同，所有祭祀都由商王控制進行，這是藉由崇祖意識產生親親意識，凝聚所有族人成為一個強固的親族團體，而達到收族、統族的功效，並逐漸形成尊祖敬宗、慎終追遠、孝悌順親、同族相恤等思想，構成了中國文化思想的核心之一。

陳夢家先生指出：卜辭所記殷人的崇拜，可以分成三類：一是天帝崇拜，二是自然崇拜，三是祖先崇拜。〔註32〕從盤庚到帝辛時代近三百年間，商人的宗教信仰有所發展與轉變，從最初的多神信仰，尊崇祖先，上帝獨尊，到晚期的特別隆重崇奉祖先，上帝地位下降，形成了一種獨特現象：即祖先崇拜、天神崇拜和自然崇拜既相聯屬，但又似乎是各自獨立的三種信仰，構成了中國古代宗教信仰的多元系統現象，特別是祖先崇拜與天神崇拜形成了兩

〔註30〕朱鳳瀚，《商周家族型態研究》，頁198。
〔註31〕朱鳳瀚，《商周家族型態研究》，頁198。
〔註32〕陳夢家，《殷虛卜辭綜述》，頁646。

大信仰，這種現象又影響及於周代以後中國的宗教信仰型態，商人的宗教信仰型態可謂影響深遠。

四、天命觀的思想淵源

西周初年，周人二次東征，底定東方後，對於新建立的政權，如何構思一套思想，一方面能讓殷人心服口服，一方面也能讓周人自己畏懼惕勵，於是提出了所謂「天命觀」的理論。「天命觀」的理論強調：天命是無常的，〔註33〕它不會恆久的地保佑一個邦國，上天最初眷顧夏人，把天命降給他們，而後夏桀違背天意，上天又把天命降給成湯，推翻了夏朝，殷人不敬其德，而失去天命。〔註34〕天命之所以改易的原因，是因為在位君王不能謹慎地注意他們的德行，因此天命的是否轉移與君王的敬德有關。〔註35〕周人謙卑地說，並非是他們小邑周敢推翻大邦殷，實乃天命的緣故，〔註36〕殷民失德，上帝曾給予殷民五年的時間，殷民都不能反省改善，文王卻能兢兢業業、自勉其德，天命於是轉到小邦周這裏。〔註37〕殷人失德的罪條，計有不重視祭祀、酗酒享樂、不任用賢臣、不能愛護人民等等。〔註38〕天命既能棄商，自亦有可能棄周，所以周人亦一再自勉要敬德愛民，才能永保天命。〔註39〕

天命觀的理論以「德」為中心，德的內涵就是愛民保民，能如此就是明德、敬德，自然就可以得到上帝的眷顧，長保天命於不墜。周人明確揭出德的重要性，並將殷人具有自然性格的上帝，轉化為人格化的上帝，對人的思想啟發，內心的涵養，都具有不少的啟發，不似殷人的重視討好鬼神。這種觀念在君王的身上安置了無限的道德責任，道德成了中國哲人所最關心的問題，道德的關懷也成了中國哲學的主流，故徐復觀先生譽之為中國人性的自

〔註33〕《尚書‧康誥》：「惟命不于常。」
〔註34〕《尚書‧召誥》。
〔註35〕《尚書‧多士》：「在今後嗣王，誕罔顯于天……誕淫厥泆，罔顧于天顯民祇，惟時上帝不保，降若茲大喪。」
《尚書‧康誥》：「惟乃丕顯考文王，克明德慎罰，……天乃大命文王，殪戎殷，誕受厥命。」
〔註36〕《尚書‧多士》：「非我小國敢弋殷命，惟天不畀允罔固亂，弼我，我其敢求位？」
〔註37〕《尚書‧多方》。
〔註38〕見《尚書》「酒誥」、「多士」、「無逸」、「多方」等篇。
〔註39〕《尚書‧召誥》：「肆惟王其疾敬德，王其德之用，祈永天命。」

覺與文明的躍升。〔註40〕另有人稱之爲中國最早的合法統治的觀念。〔註41〕

《禮記・表記》曾曰：

> 殷人尊神，率民以事神，先鬼而後禮。
>
> 周人尊禮尚施，事鬼敬神而遠之，近人而忠焉。

這項記載指出殷人「尚鬼」，周人「尊禮敬德」，殷人只是一味討好鬼神，周人則開始有理性的思考。許多學者對於殷周思想的變革，都持著與徐復觀先生類似的看法。有的學者認爲，商人的天神如同一個沒有理性的任性的暴君，權威很大而喜怒無常，人們只能誠惶誠恐地屈服於它的權威，而不能根據某種理性的原則去領會它的意旨。〔註42〕宗教學的研究以爲，神意觀念和天命信仰在各種宗教體系中的存在非常普遍，但表現形式不盡相同。有的源自神靈的恣情任意，表現爲注重情欲的天命觀，有的出自於神靈的倫理的理性思考，使其天命具有某些倫理性和理智的特質，這在我國傳統宗教常以「天道」之名稱之。殷人的上帝基本上是一個恣情任性的專制君主，人們可以用種種獻祭、儀式去影響神的意志。西周代殷後，特別強調天命的道德方面，與殷代比起來，有明顯的道德倫理因素，在這基礎上逐漸形成了「天道」觀念。〔註43〕

不過，這裏想提出兩個問題：第一、天命眞是周人所獨創，殷人並無這種觀念嗎？第二、德字也是周人所獨創，殷人沒有德的觀念嗎？

首先，殷人既崇奉上帝，上帝雖尚未完全人格化，但上帝擁有很大的權威，能號令天上人間，就應該具有某種程度的意志力，甚至也應有「天命」的思想產生。氏族部落時代，每個氏族都有保護神，以保護氏族部落的存在安危，殷人既以上帝爲最高神，亦應擁有「天意」的功能，否則周人對殷頑民大談天命，殷人如何聽得懂呢？《史記・殷本紀》記載，武乙以一偶人爲天神，與天神搏鬥，天神不勝，乃羞辱之，以革囊盛血，以箭射之，命曰「射天」，這應可視爲是對神權的挑戰，也是一種具有「疑天」精神的表現，周初的天命觀基本上應是以殷人的疑天思想爲基礎所發展出來的。〔註44〕

〔註40〕徐復觀，《中國人性論史──先秦篇》，第二章「周初宗教中的人文精神躍動」。

〔註41〕張端穗，〈天與人歸──中國思想中政治權威合法性的觀念〉，載於《中國文化新論・思想篇一》（臺北，聯經出版事業公司，民國71年），頁106。

〔註42〕余敦康，〈殷周之際宗教思想的變革〉，《中國哲學史研究》，1981年第1期，頁30。

〔註43〕呂大吉，《宗教學通論》（台北，博遠出版有限公司，民國82年4月），頁238～239）。

〔註44〕段凌平、柯兆利，〈試論殷商的「德」觀念〉，《廈門大學學報》，1988年第4期，

其次，是有關德的問題，甲骨文中有“”和“”字，被訓爲“德”，郭沫若、商承祚先生釋爲“直”，意即得失，不是道德的德。〔註45〕雖然有些學者主張殷人已存有「德」的觀念，〔註46〕但許多學者贊成郭氏等人看法，認爲「德」的觀念自周以後才有，《尚書・盤庚》以及《周書》各篇，雖曾提到不少殷人有關德的觀念，但這些學者認爲這都是周人所加上去的，不能作爲證明。典籍中所記載有關殷人德的觀念，是否全都是周人所加上去的，應該還可再做討論，但在殷人心目中，上帝與祖先視察下民或子孫，給予他們賞罰，所根據的除了恭順之外，應還包括是否履行道德規範。這裏似須注意到一個問題：即我們現在所見到的卜辭到底能代表多少的殷人文化？卜辭所呈現的主要是在祭祀和戰爭、禍福吉凶方面，它應不能代表殷人整個思想文化。

因此，在考察殷人的思想方面，必須持謹愼的態度，我們現在對有關殷人德治思想的了解，幾乎都是來自周人的記載和描述，以戰勝國的片面資料去解釋亡國的歷史文化，往往容易失之偏頗，歷史上類似的例子比比皆是。一種思想的發展，通常是經過長期的累積，才會產生較大的變化，而不是突然的轉變。有關道德理念，在原始社會中已經存在，道德規範被納於鬼神崇拜之中，酋長愛護氏族成員是理所當然的，鬼神更是氏族中道德規範的監督者。從原始時代到商代，已經歷相當長的一段時間，德的觀念應有進一步的發展，孔子曾曰：「商因於夏禮，所損益可知也；周因於殷禮，所損益可知也，文獻不足故也。」〔註47〕王國維先生於著名的〈殷周制度論〉中道：「中國政治與文化之變革，莫劇於殷周之際。」〔註48〕晁福林先生則認爲，夏商西周時期的變革只是「損益」，而不是社會制度、社會性質的劇變。〔註49〕殷商是個文化昌盛的「大邦殷」，有冊有典，〔註50〕周則是僻處西方的「小邦周」，雖經太公、季歷、文王數代的經

頁96。另外，巴新生認爲商代的徝，指殷王的行爲須順從、遵從祖先神與至上神的旨意，這樣對殷王的行爲亦有規範意義，因此亦有倫理道德的萌芽（見氏著《西周倫理形態研究》（天津，天津古籍出版社，1997年8月），頁23～24）。

〔註45〕李孝定，《甲骨文字集釋》（《中央研究院歷史語言研究所專刊》之50，民國45年），頁563～569。

〔註46〕楊國榮《中國古代思想史》、劉澤華《先秦政治思想史》、王世順《尚書譯注》，轉引自段凌平等，〈試論殷商的「德」觀念〉。

〔註47〕《論語・爲政》。

〔註48〕王國維，《觀堂集林》（臺北，世界書局，民國64年4月）。

〔註49〕晁福林，《夏商西周的社會變遷》（北京，北京師範大學出版社，1996年6月），頁1。

〔註50〕《尚書・多士》。

營，其文化總是要比擁有四百多年歷史文化的殷人落後，〔註51〕在許多方面要向殷人吸收其文化長處，若說周人不在殷人的文化思想基礎上，就能提出天命觀理論，實在令人難以置信。周人到底從殷人那邊吸收了多少德治思想？又做了那些變革？其因革損益如何？這些似乎很值得再做更深入的探討。

五、結　語

根據人類學家研究，遠古時代先民們曾經歷一段「泛靈信仰」階段。到了商代，商人的宗教信仰有了一番較大的轉變。由卜辭所見，商人的宗教信仰約可分爲三大系統：一是天神崇拜，二是自然崇拜，三是祖先崇拜，其中又以天神崇拜與祖先崇拜最爲重要，構成了周代以後中國宗教信仰的主要型態。武丁時代，上帝的崇拜似乎高於祖先崇拜。但從祖甲到帝乙、帝辛時期，商王室逐漸發展出繁複隆重的五種祭祀，來祭祀先王先妣，諸神祭祀相形之下遜色甚多，似乎商人重視祖先崇拜的程度，已超越天神崇拜。此時上帝的神統似乎還在形成的階段，上帝與諸神和商人祖先的關係，還不太明確。

就另一個角度而言，天神崇拜、祖先崇拜與商代的王權和宗法制度的發展，是息息相關的。商代晚期發展出的五種祭祀，區分直系與旁系，其核心意識實際上就是祖先崇拜與親親意識，這種精神與制度，直接影響到周人的宗法制度。

在另一方面，周人克商之後，提出了「天命觀」的理論，強調敬天、尊德、保民的思想，被許多學者視爲商周宗教思想或人文精神的大變革。但這種見解似乎有值得商榷的地方，在商王朝的時代，商人已擁有四百多年的歷史文化，其文明相當發達，周則是僻處西方的「小邦周」，雖經太公、季歷、文王數代的經營，周人的文化思想應還落後於商人，周禮大致上是繼承殷禮而來的。文化思想的進步，通常是呈漸進式的變化，而非突發式的劇烈轉變，何況卜辭的內容能代表多少殷人的思想文化，往往容易失之偏頗。因此周人的天命觀有可能是繼承殷人而來，只是周人將它改造得更爲深刻、更爲強調而已。根據文獻記載和卜辭資料，一般人的印象是殷人尚鬼，周人尚德，這樣的論斷似乎過於籠統，我們對於殷人的宗教思想或人文思想，似乎應給予另一番的評估。

〔註51〕《史記・殷本紀》集解注引《汲冢紀年》曰：「湯滅夏以至于受，二十九王，用歲四百九十六年。」

附錄二：西周春秋時代宗教思想的演變

（原載於《中國上古史研究專刊》創刊號，民國 90 年 1 月）

壹、前　言

　　根據人類學家的田野調查研究，自原始社會以來，宗教幾乎是全世界先民的普遍信仰。爲甚麼先民們普遍具有宗教信仰，人類學家持有多種不同的意見，總括起來大致上有下列幾種說法：一、對陌生環境的心理恐懼；二、源於社會習俗；三、對自然勢力的恐懼；四、相信神祕力；五、鬼魂、精靈信仰；六、泛靈信仰。〔註 1〕長期以來，許多人咸將宗教視爲迷信，加以鄙視或擯斥。事實上，根據人類學家的研究成果顯示，許多「原始」民族，其宇宙論的完備和複雜程度，已超乎現代人的想像之外。〔註 2〕宗教信仰具有多種社會功能，能啓迪人類心智，不能單純視其爲迷信，而輕率地否定它的價值與貢獻，著名的人類學家馬凌諾斯基（Bionislaw Malinowski）說：「現代人類學有一項成就，是我們用不著懷疑的，那就是認知：巫術和宗教，不僅是一種教義或一種哲學，也不僅是一組聰明的見解，同時也是一種特殊的生活方式，一種理性、感覺、意志等所形成的實際態度。既是行爲方式，同時也是信仰體係，既是社會現象，同時也是個人經驗。」〔註 3〕它具有延續傳統和創造文化的功能。〔註 4〕

〔註 1〕 參閱林惠祥，《文化人類學》（臺北，臺灣商務印書館，民國 68 年 1 月。初版：民國 23 年），頁 276～280。

〔註 2〕 基辛（R. Keesing）著，張恭啓、于嘉雲譯，《文化人類學》（臺北，巨流圖書公司，民國 78 年），頁 387。

〔註 3〕 馬凌諾斯基著，朱岑樓譯，《巫術、科學與宗教》（臺北，協志工業叢書出版公司，民國 67 年 9 月），頁 34。

〔註 4〕 馬凌諾斯基，《巫術、科學與宗教》，頁 22。

　　遠古時代人們認爲日月山川動植物等，都具有不可思議的能力，能致人禍福，故對它們加以崇拜祭祀，這種宗教信仰被稱爲「泛靈信仰」。從遠古到殷商，經歷了長遠的年代，宗教信仰方面，根據卜辭記載，商人對天神、地祇、人鬼的祭祀非常頻繁，祭祀的種類也很多，顯示「泛靈信仰」的現象依舊存在，不過這一時期的宗教信仰已較從前複雜許多。根據卜辭記載，商代祭祀的種類相當多，但確切的數目很難確定，因爲有一些祭祀名稱，似乎是祭儀而非祭名，因此祭祀種類的多少，就很難獲得一致的看法。根據陳夢家的研究，商代的祭名有三十七種。〔註 5〕商人崇奉鬼神範圍之廣泛、祭典之繁複，恰與《禮記·表記》所言「殷人尊神，率民以事神，先鬼而後禮」，若合符節。

　　遠古的宗教信仰往往是處於多神崇拜、群神無首的狀態，根據卜辭記載商人尊崇上帝，上帝至尊獨大，統馭諸神，主宰天上人間，顯示中國古代宗教，已由多神崇拜逐漸轉變爲一神崇拜，這種轉變過程需要一段相當時間。宗教信仰的內容，通常是人間社會生活的反映，胡厚宣先生認爲，宗教信仰和天神崇拜，都是一種意識型態，結合著社會上專制人的出現，全能上帝的崇拜才因而產生。〔註6〕有的學者指出：商人的上帝具有最高權威，可以支配自然、社會現象，當與殷商王朝的建立，要求宗教上出現一個比原有諸神更強而有力的大神來維護其統治權威。換言之，人間號令上的統一，相應地需要一個對天上諸現象和社會上主要問題具有無限權威的神來維護它，而且就宗教的發展而言，到了一定的階段也需要出現一個有權威的大神，以解釋複雜的天象過程。〔註7〕宗教學的研究也指出，隨著社會組織的逐漸嚴密，神靈世界也逐漸被它的信奉者組織和統一起來，構成一定的秩序，所謂秩序總是包含著從屬與支配，服從與主宰的關係，於是便出現了支配這樣秩序，統率眾多種靈的至上神。〔註8〕

〔註 5〕三十七種祭祀可分爲七類：第一類：祭名而爲記日之名者——翌日、肜日、肜夕、夕、歲、祀、丁；第二類，以所薦祭之物爲名者——祭、禘、酒、㠱、麇、羍、登、叔；第三類，以所祭之法爲名者——血、燎；第四類，祈告之祭——告、ㄓ、禱、祝、先、兌、夆；第五類，合祭一衣、魯、夆；第六類，特殊之祭——祊、帝、彡、烄；第七類，無所屬者——又、出、遘、御、侖、㕚（見陳夢家，〈古文字中的商周祭祀〉，《燕京學報》第 19 期，民國 25 年 6 月）。

〔註 6〕胡厚宣，〈殷卜辭中的上帝（下）〉、《歷史研究》，1959 年第 10 期，頁 49。

〔註 7〕朱天順，《中國古代宗教初探》（臺北，谷風出版社，民國 75 年 10 月），頁 246。

〔註 8〕呂大言主編，《宗教學通論》（臺北，博遠出版有限公司，民國 82 年 4 月），

　　祖先崇拜源遠流長，大概是人類最早的宗教信仰之一，同時也是最深刻的一種。〔註9〕因為人生之於父母，育之於父母，那一份血肉感情是難以言喻的。一旦父母過世，那一份孺慕依賴之心，依舊難以消除，便會想像父母只是血肉之軀已壞，但靈魂尚存在不滅，還長在自己左右呵護和懲處自己為人處世的得失，這種心理與思想，是人性中至為深刻的一面。準此而論，祖先崇拜不僅源遠流長，而且形成了最重要的宗教信仰之一。商人尊上帝為至上神，並安排祖先與上帝有密切關係，卜辭中常有商人祖先「賓于帝」的記載，賓是儐導之儐，〔註10〕指商人祖先在上帝左右儐導上帝，說明了在商人心目中祖先地位之重要性。商代的祖先崇拜具有下列三項特色：一、武丁時代祭祀的對象包括先公先王、舊臣和先妣等；〔註11〕二、到了帝乙、帝辛時期形成一套周密的五種祭祀，原來的先公、舊臣和先妣被排除在五種祭祀之外；〔註12〕三、已立廟祭祀祖先。〔註13〕

頁 193。

〔註9〕西方學者赫伯特·史賓塞認為祖先崇拜應當被看成是宗教的第一泉源和開端，至少是最普遍的宗教母題之一。轉引自卡西爾（Ernst Cassire）著，結構群審譯，《人論》（An Essay on Man）（臺北，結構群事業公司，民國80年12月），頁 133。

〔註10〕郭沫若，《卜辭通纂》（臺北，大通書局），頁 16。

〔註11〕商人相信，死去的祖先，在冥冥之中依然視察子孫的行為，或加以保祐，或予以懲罰，因此對祖先的祭祀相當隆重。武丁時代祭祀的範圍較為廣泛，先公先王、著名的舊臣和先妣，都予以祭祀。先公先王有高祖夔、王亥、上甲、示壬、太甲、祖乙、祖丁等，舊臣主要的是伊尹和巫咸等、先妣則是自示壬妣庚以下者。陳夢家先生認為王、妣、臣屬於一大類，先公、王亥等屬另一大類，前一類對於時王及商王國有作祟的威力，後一類的祈求目的是雨和年成，但這兩類也不是截然劃清的，少數的王、妣、臣也是祈雨求年的對象，一部份的先公也會為祟於王或佑王其中伊尹、王亥、上甲的神威特別顯赫。不僅是祈雨求年的對象，同時也是作戰祈勝的對象。另外，先妣的神威主要表現在求生王子、疾王、祟王上，她們對商王的子嗣和商王的健康情形，具有很大的影響力（見陳夢家，《殷虛卜辭綜述》，台北，大通書局，頁 351）。

〔註12〕五種祭祀最先由董作賓提出，稱之為「五祀統（見《殷曆譜》），後來陳夢家稱之為「周祭」（見《殷虛卜辭綜述》），常玉芝亦沿用此名（見《商代周祭制度》，北京，中國社會科學出版社，1987年）。島邦男（《殷墟卜辭研究》）與許進雄（《殷卜辭中五種祭祀的研究》，《臺大文史叢刊》23，民國57年），則稱之為「五種祭祀」。五種祭祀是指翌、祭、壹、劦、肜五個祀典而言，商王室以這種種祀典輪流祭祀先王先妣。五種祭祀在武丁時代，還凌亂沒有次序，祖甲時代加以系統組織，帝乙、帝辛時期發展成為一套嚴密的周祭制度。這五種祀典又可分為三類，肜和翌祭是分別舉行，祭、壹、劦三種聯合舉行，由於商代先生先妣的廟號是以十天干取名，故祭祀時採取「甲日祭甲」、「乙日祭乙」的原

據《竹書紀年》記載和學者的考訂，商代自盤庚遷殷，至紂王失國，共二百七十三年，在這將近三百年的時間中，商人的思想信仰不可能一成不變，由卜辭所見，商代的祖先崇拜意識有日益加強的趨勢。在武丁時代，祖先崇拜的意識已相當濃厚，商人的祖先既是祈雨求年的對象，又是上帝的儐者，地位相當崇高，影響力也很大，不過這時也盛行上帝和其他山川鬼神的崇拜，此時祖先崇拜與其他鬼神崇拜地位相等。但到了帝乙、帝辛時期，卜辭中盛行五種祭祀，其他鬼神的祭祀甚爲少見，有的學者指出：卜辭中關於祖先神的有 15000 多條，而關於帝的僅有 600 多條，殷人祭祖的犧牲、人牲常以數十數百爲限，而對帝只提出問題，很少奉獻祭品。〔註 14〕故殷商晚期祖先崇拜已居於主要地位，上帝和其他鬼神的崇拜淪爲次要地位。〔註 15〕陳夢家先生曾謂：商代的祖先崇拜隆重，祖先崇拜與天神崇拜的逐漸接近、混合，已爲殷以後的中國宗教樹立了規範，即祖先崇拜壓倒了天神崇拜。〔註 16〕陳夢

則。有關祭祀的大致情形，陳夢家謂：「『祭祀周』以旬爲單位，每旬十日皆依天干甲乙丙丁爲序，商王、妣以天干爲廟號，即依世次及各王、妣廟號之天干順序而祭、如第一旬甲日祭上甲、乙日祭報乙以至報丙、報丁、示壬、示癸六世，第二旬祭大乙、大丁，第三旬祭大甲、外丙。每旬之祭，我們稱之爲『小祀周』。當祖甲時，從上甲至祖庚行"羽（翌）日之祭"凡九旬而畢，此九旬即"羽日"之季，我們稱之爲"祀季"或"中祀周"。凡用"羽日""彡日""劦日"三種祭法遍祀其王與其法定配偶一周而畢，即稱爲"一祀"，我們稱之爲"大祀周"。」（見陳夢家，《殷虛卜辭綜述》，頁 385）如此輪祭一周，恰約一年。另外，在三大類祀典施行之前，都先舉行一種"工典"儀式，工即貢字，典猶冊，工典可能是上祭譜及日期等文冊於先祖妣靈前的儀式（見董作賓，《殷曆譜》下編，卷二頁二下（《中央研究院歷史語言研究所專刊》之 23，民國 34 年 4 月）。這麼繁複隆重的祖先祭祀，在中國歷史上可謂空前絕後。

〔註 13〕爲祖先立廟，已見於卜辭。商代無廟稱，但小屯考古挖掘有發現宗廟的建築遺蹟（見石璋如，〈小屯殷代的建築遺蹟〉，《中央研究院歷史語言研究所集刊》第二十六本（民國 44 年 6 月）。卜辭中的「宗」字即相當於後世的宗廟。「宗」大致可分成三類：一、集合的宗廟：大宗、小宗，大宗是祭祀直系先祖，大是祭祀直系先祖，小宗是祭祀帝系先祖；二、個人的宗廟：大乙宗、中丁宗、祖辛宗、武乙宗等；三、意義不詳者：中宗、亞宗、新宗、舊宗、又宗、西宗、北宗等。《禮經》說天子七廟，六世以上先祖因親盡而祧，由卜辭的記載看來，商人遍祭其先公先王，並無親盡而祧之制（見黃然偉，〈殷禮考實〉，《國立臺灣大學文史叢刊》之 23，民國 56 年 7 月，頁 72）。

〔註 14〕晁福林，〈論殷人神權〉，《中國社會科學》，1990 年第 1 期。

〔註 15〕金經一，〈甲文所見殷人崇祖意識型態之研究〉，第四章「殷代崇神崇祖意識之演化及分期」（中國文化大學中文研究所博士論文，民國 76 年 6 月）。

〔註 16〕陳夢家，《殷虛卜辭綜述》，頁 562。

家先生又指出：卜辭所記殷人的崇拜，可以分成三類：一是天帝崇拜，二是自然崇拜，三是祖先崇拜。〔註 17〕從盤庚到帝辛時代近三百年間，商人的宗教信仰有所發展與轉變，從最初的多神信仰，尊崇祖先，上帝獨尊，到晚期的特別隆重崇奉祖先，上帝地位下降，形成了一種獨特現象：即祖先崇拜、天神崇拜和自然崇拜既相聯屬，但又似乎是各自獨立的三種信仰，構成了中國古代宗教信仰的多元系統。

在殷人的宗教思想基礎上，西周初年周人提出了「天命觀」的理論，強調君王必須重德、保民、愛民，才能長保天命於不墜，這種重德的思想，被譽為中國人文思想的自覺與躍昇。〔註 18〕另外春秋時代政治社會產生大變動，所謂「禮壞樂崩」，孔子和老子都在宗教思想方面進行了改革。西周初年與春秋時化的宗教變革，是中國上古時代宗教發展的兩次大變動，它們具有何種特質？又對西周與春秋時代的宗教信仰型態產生什麼影響？本文想就這些方面做一番探討。

貳、周初「天命觀」的尚德思想

西周初年，周人雖然經過二次東征，底定了東方，但殷遺民的勢力仍然相當強大，廣大的東方亦未十分穩定，由典籍和金文資料所見，終西周之世，周王室仍不斷有討伐東夷與淮夷之舉。〔註 19〕在這種不穩定的局勢下，對於如何鞏固新建立的政權，周人實施了一連串的措施：一是營建東都洛邑，作為控制東方的中心；二是遷徙殷遺民，分散殷人的力量；〔註 20〕三是實施武裝殖民，〔註 21〕大建封國，以武力控制東方。〔註 22〕除了這些措施之外，周

〔註 17〕陳夢家，《殷虛卜辭綜述》，頁 646。

〔註 18〕徐復觀，《中國人性論史——先秦篇》，第二章〈周初宗教中人文精神的躍動〉（台北，台灣商務印書館，民國 58 年）。

〔註 19〕梁國真，〈商周時代的東夷與淮夷〉，第四章「西周和春秋時代的東夷與淮夷」（中國文化大學史學研究所博士論文，民國 83 年 6 月）。

〔註 20〕《左傳·定公四年》：「分魯公以……殷民六族，條氏、徐氏、蕭氏、索氏、長勺氏、尾勺氏，使帥其宗氏，輯其分族，將其類醜，以法則周公，用即命于周。……分康叔以……殷民七族，陶氏、施氏、繁氏、錡氏、樊氏、饑氏、終葵氏。」商亡國後，魯分得殷民六族，衛分得七族，另有一部分「殷頑民」被遷到洛邑，看來商人的分族數目不少，其宗族結構已頗為複雜。

〔註 21〕錢穆，《國史大綱》（台北，台灣商務印書館，1994 年），頁 45。

〔註 22〕傅斯年，〈大東小東說——兼論魯燕齊初封在成周東南後乃東邊〉，《中央研究院歷史語言研究所集刊》第二本第一分（民國 19 年 5 月）。

人又提出了一套理論，進行思想改造，希望能讓殷人心服口服，同時也讓周人自己畏懼惕勵，這就是有名的「天命觀」思想。

「天命觀」的理論強調天命無常，所謂「惟命不于常」，〔註23〕它不會恒久的保佑一個邦國。《尚書·召誥》曰：

> 我不可不監于有夏，亦不可不監于有殷。……有夏服天命，惟有歷年，……惟不敬厥德，乃早墜厥命。……有殷受天命，惟有歷年，……惟不敬厥德，乃早墜厥命。

乃指上天最初眷顧夏人，把天命降給他們，而後夏桀不敬其德，上天又把天命降給成湯，建立了殷王朝，殷人後來亦不敬其德，而失去天命。天命之所以改易的原因，是因為在位君王不能謹慎地注意他們的德行，《尚書·多士》曰：

> 在今後嗣王，誕罔顯于天……誕淫厥泆，罔顧于天顯民祇，惟時上帝不保，降若茲大喪。

因此天命的是否轉移與君王的敬德有關，《尚書·康誥》曰：

> 惟乃丕顯考文王，克明德慎罰，……天乃大命文王，殪戎殷，誕受厥命。

周人謙卑地說，並非是他們小邑周敢推翻大邦殷，實乃天命的緣故，《尚書·多士》曰：

> 非我小國敢弋殷命，惟天不畀允罔固亂，弼我，我其敢求位？

周人又說殷民失德，上帝曾給予殷民五年的時間，殷民都不能反省改善，文王卻能兢兢業業、自勉其德，天命於是轉到小邦周這裏，《尚書·多方》曰：

> 乃惟爾商後王，逸厥逸，圖厥政，不蠲蒸，天惟降時喪。……天惟五年須暇之子孫，誕作民主，罔可念聽。天惟求爾多方，大動以威，開厥顧天。惟爾多方，罔堪顧之。惟我周王，靈承於旅，克堪用德，惟典神天。天惟式教我用休，簡畀殷命，尹爾多方。

殷人失德的罪條，計有不重祭祀、酗酒享樂、不任用賢臣、不能愛護人民等等。〔註24〕天命既能棄商，自亦有可能棄周，所以周人亦一再自勉要敬德愛民，才能永保天命。〔註25〕

〔註23〕《尚書·康誥》。
〔註24〕見《尚書》〈酒誥〉、〈多士〉、〈無逸〉、〈多方〉等篇。
〔註25〕《尚書·召誥》：「肆惟王其疾敬德，王其德之用，祈永天命。」

　　天命觀的理論以「德」爲中心，德的內涵就是愛民保民，能如此就是明德、敬德，自然就可以得到上帝的眷顧，長保天命於不墜。周人明確揭出德的重要性，對人的思想啓發，內心的涵養，都具有不少的啓發，不似殷人的重視討好鬼神。這種觀念在君王的身上安置了無限的道德責任，道德成了中國哲人所最關心的問題，道德的關懷也成了中國哲學的主流，故徐復觀先生譽之爲中國人性的自覺與文明的躍升，另有人稱之爲中國最早的合法統治的觀念。〔註26〕

　　不過德的觀念是周人所特有，抑或承襲殷人而來，頗爲值得加以討論，《禮記・表記》曾曰：

　　　　殷人尊神，率民以事神，先鬼而後禮。

　　　　周人尊禮尚施，事鬼敬神而遠之，近人而忠焉。

這項記載指出殷人「尚鬼」，周人「尊禮敬德」，殷人只是一味討好鬼神，周人則開始有理性的思考。許多學者對於殷周思想的變革，都持著與徐復觀先生類似的看法。有的學者認爲，商人的天神如同一個沒有理性的任性的暴君，權威很大而喜怒無常，人們只能誠惶誠恐地屈服於它的權威，而不能根據某種理性的原則去領會它的意旨。〔註27〕宗教學的研究以爲，神意觀念和天命信仰在各種宗教體系中的存在非常普遍，但表現形式不盡相同。有的源自神靈的恣情任意，表現爲注重情欲的天命觀，有的出自於神靈的倫理的理性思考，使其天命具有某些倫理性和理智的特質，這在我國傳統宗教常以「天道」之名稱之。殷人的上帝基本上是一個恣情任性的專制君主，人們可以用種種獻祭、儀式去影響神的意志。西周代殷後，特別強調天命的道德方面，與殷代比起來，有明顯的道德倫理因素，在這基礎上逐漸形成了「天道」觀念。〔註28〕

　　不過，這裏想提出兩個問題：第一、天命眞是周人所獨創，殷人並無這種觀念嗎？第二、德字也是周人所獨創，殷人沒有德的觀念嗎？首先，殷人既崇奉上帝，上帝雖尚未完全人格化，但上帝擁有很大的權威，能號令天上人間，就應該具有某種程度的意志力，甚至也應有「天命」的思想產生。氏

〔註26〕張端穗，〈天與人歸──中國思想中政治權威合法性的觀念〉，載於《中國文化新論・思想篇一》（臺北，聯經出版事業公司，民國71年），頁106。

〔註27〕余敦康，〈殷周之際宗教思想的變革〉，《中國哲學史研究》，1981年第1期，頁30。

〔註28〕呂大吉，《宗教學通論》（台北，博遠出版有限公司，民國82年4月），頁238～239。

族部落時代，每個氏族都有保護神，以保護氏族部落的存在安危，殷人既以上帝爲最高神，亦應擁有「天意」的功能，否則周人對殷頑民大談天命，殷人如何聽得懂呢？《史記・殷本紀》記載，武乙以一偶人爲天神，與天神搏鬥，天神不勝，乃羞辱之，以革囊盛血，以箭射之，命曰「射天」。這個故事體現出王權對神權的挑戰，有的學者認爲這是一種具有「疑天」精神的表現，周初的天命觀基本上應是以殷人的疑天思想爲基礎所發展出來的。〔註29〕

其次，是有關德的問題，甲骨文中有"指"和"古"字，被訓爲"德"，郭沫若、商承祚先生釋爲"直"，意即得失，不是道德的德。〔註30〕雖然有些學者主張殷人已存有「德」的觀念，〔註31〕但許多學者贊成郭氏等人看法，認爲「德」的觀念自周以後才有，《尚書・盤庚》以及《周書》各篇，雖曾提到不少殷人有關德的觀念，但這些學者認爲這都是周人所加上去的，不能作爲證明。典籍中所記載有關殷人德的觀念，是否全都是周人所加上去的，應該還可再做討論，但在殷人心目中，上帝與祖先視察下民或子孫，給予他們賞罰，所根據的除了恭順之外，應還包括是否履行道德規範。這裏似須注意到一個問題：即我們現在所見到的卜辭到底能代表多少的殷人文化？卜辭所呈現的主要是在祭祀和戰爭、禍福吉凶方面，它應不能代表殷人整個思想文化。

因此，在考察殷人的思想方面，必須持謹慎的態度，我們現在對有關殷人德治思想的了解，幾乎都是來自周人的記載和描述，以戰勝國的片面資料去解釋亡國的歷史文化，往往容易失之偏頗，歷史上類似的例子比比皆是。一種思想的發展，通常是經過長期的累積，才會產生較大的變化，而不是突然的轉變。有關道德理念，在原始社會中已經存在，道德規範被納於鬼神崇拜之中，酋長愛護氏族成員是理所當然的，鬼神更是氏族中道德規範的監督者。從原始時代到商代，已經歷相當長的一段時間，德的觀念應有進一步的發展，孔子曾曰：「商因於夏禮，所損益可知也；周因於殷禮，所損益可知也。」〔註32〕王國維先生於著名的〈殷周制度論〉中道：「中國政治與文化之

〔註29〕 段凌平、柯兆利，〈試論殷商的「德」觀念〉，《廈門大學學報》，1988 年第 4 期，頁 96。

〔註30〕 李孝定，《甲骨文字集釋》（《中央研究院歷史語言研究所專刊》之 50，民國 54 年），頁 563～569。

〔註31〕 楊國榮《中國古代思想史》、劉澤華《先秦政治思想史》、王世順《尚書譯注》，轉引自段凌平等，〈試論殷商的「德」觀念〉，頁 97。

〔註32〕 《論語・爲政》。

變革，莫劇於殷周之際。」〔註 33〕晁福林先生則認為，夏商西周時期的變革只是「損益」，而不是社會制度、社會性質的劇變。〔註 34〕殷商是個文化昌盛的「大邦殷」，有冊有典，〔註 35〕周則是僻處西方的「小邦周」，雖經太公、季歷、文王數代的經營，其文化總是要比擁有四百多年歷史文化的殷人落後，〔註 36〕在許多方面要向殷人吸收其文化長處，若說周人不在殷人的文化思想基礎上，就能提出天命觀理論，實在令人難以置信。有的學者亦認為，敬德和保民的思想在西周以前已有萌芽，從《周書》引用的古人言來看，有些觀念甚至來源古遠，在這個意義上來看，周人的總體信仰已超越殷人的自然宗教階段，而進入宗教學所說的"倫理宗教"，周人的宗教思想自此步入了一個新階段。〔註 37〕

參、西周春秋時代的宗教信仰型態

經過「天命觀」思想的改造，周人的宗教思想，已朝尚德的人文精神向前邁進了一大步，雖然說「周人尊禮尚施，敬鬼神而遠之」，但這恐怕是較晚期的思想，在事鬼敬神方面，周代還是繼承了不少殷代的傳統。有關西周春秋時代宗教的信仰型態，因文獻資料缺乏不得詳知，只能參考各種典籍略窺一、二。《周禮·春官·大宗伯》曰：

> 大宗伯之職，掌建邦之天神、人鬼、地示之禮，以佐王建保邦國。
> 以吉禮事邦國之鬼神示：以禋祀祀昊天上帝；以實柴祀日、月、星、辰；以槱燎祀司中、司命、飌師、雨師。以血祭祭社稷、五祀、五岳；以貍沉祭山、林、川、澤；以疈辜祭四方、百物。以肆獻祼享先王，以饋食享先王，以祠春享先王，以禴夏享先王。以嘗秋享先

〔註 33〕王國維，《觀堂集林》（臺北，世界書局，民國 64 年 4 月）。
〔註 34〕晁福林，《夏商西周的社會變遷》（北京，北京師範大學出版，1996 年 6 月），頁 1。
〔註 35〕《尚書·多士》。
〔註 36〕《史記·殷本紀》集解注引《汲冢紀年》曰：「湯滅夏以至于受，二十九王，用歲四百九十六年。」
〔註 37〕陳來，《古代宗教與倫理——儒家思想的根源》（北京，三聯書店，1996 年 3 月），頁 191～198。另外，巴新生指出，商人的值（德）已有倫理道德的萌芽，但仍是一種純粹的教情緒，周人的"天"乃是理性、正義的化身，德就是善政、美德（見氏著《西周倫理形態研究》，天津，天津古籍出版社，1997 年 8 月，頁 29）。

　　王，以蒸冬享先王。

依據〈大宗伯〉之分，說明周人的宗教信仰，仍繼承殷人的信仰，分為天神、地祇、人鬼三大系統：

　　天神：天、昊天、上帝、帝、五帝、日月、星辰、司命、司中、風師、
　　　　　雨師

　　人鬼：先王、先公、先妣、先祖、祖廟

　　地示：地、社稷、四望、五祀、五岳、山林、川澤、四方百物，群小祀

　　有關這三大系統的祭祀，依據張鶴泉的歸納，〔註38〕周人對天神系統神祇的祭祀，計有下列五種：

　　（1）郊天之祭。天是至上神，祭天是重要的祭祀活動，而且是周天子的專屬，《禮記・曲禮》曰：「天子祭天。」因為祭天通常是在郊外舉行，所以又稱為「郊」，〈郊特牲〉曰：「郊之祭也，……大報天而主日也。」

　　（2）祭日、月。在周人崇拜的神祇中，日、月都是重要的神祇，周人對日、月的祭祀相當重視，《國語・周語》曰：

　　　　古者，先王既有天下，又崇立於上帝，明神而敬事之，於是乎有朝
　　　　日、夕月，以教民事君。

《國語・魯語》曰：

　　　　天子大采朝日，與三公、九卿祖識地德，……少采夕月，與大史、
　　　　司載糾虔天刑。

祭祀日、月的方式大體有以下幾種：

　　　　甲、正祭，這是一種定期祭，《大戴禮・保傳篇》曰：「三代之禮，
　　　天子春朝朝日，秋暮夕月，所以明有別也。」

　　　　乙、配祭，日、月對天來說，只是從屬神，因而天子舉行郊天之祭
　　　時，日、月常要作為配祀，如《逸周書・作雒篇》曰：「作大邑成周於土
　　　中，……乃設丘兆於南郊以祀上帝，配以后稷、日、月、星辰、先王皆
　　　與食。」

　　　　丙、因事祭，國家舉行一些重大活動，或遇到自然災害，常要臨時
　　　祭祀日、月。〔註39〕

〔註38〕張鶴泉，《周代祭祀研究》（台北，文津出版社，民國82年），頁28～47。
〔註39〕《儀禮・覲禮》曰：「天子乘龍，……反祀方明，禮日於南門外，禮月與四瀆
　　　　於北門外。」《左傳・昭公元年》：「日、月、星辰之神，則雪霜風雨之不時，

（3）祭星辰。祭祀星辰的方式有下列幾種：

甲、合祭眾星，即祭祀天空中的全部星辰。《爾雅・釋天》曰：「祭星曰布。」郭璞注曰：「布，散祭於地。」即采取象徵的方式，來祭祀天空中的眾星。

乙、分祭特殊神的星辰，如靈星、箕星、畢星等。

丙、祭祀分野星。周代分野星的觀念已經行成，天上的星辰各有其主管地區，如晉國的分野星是參星；〔註40〕齊國的分野星為婺女；〔註41〕宋國的分野星為大火。〔註42〕

（4）祭寒暑。《禮記・祭法》曰：「相近於坎壇，祭寒暑也。」

（5）雩祭。《禮記・祭法》曰：「雩宗，祭水旱也。」

對地祇祇系統神祇的祭祀有下列四種：

（1）祭社稷。社是土神，稷是谷神，周代對祭社稷極為重視，從社的設置到祭社稷的禮儀，都制定了嚴格的制度。

（2）祭山川。《公羊傳・僖公三十一年》曰：「天子有方望之事，無所不通。諸侯山川有不在其封內者，則不祭也。」山、川的祭祀方式大體有下列幾種：甲、望祀，乙、祈祀，丙、告祀。

（3）祭五祀。《禮記・禮運》曰：「降於五祀，之謂制度。」鄭玄曰：「五祀，戶、竈、中霤、門、行也。」

（4）蠟祭。這是對於與農事有關的動植物的祭祀，《左傳・僖公五年》曰：「宮之奇以其後行，曰：虞不蠟矣，在此行也，晉不更舉矣。」杜預注曰：「蠟，歲終祭眾神之名。」

對人鬼系統神祇的祭祀有下列兩種：

（1）宗廟之祭。這是非常重要的祭祀，周代對宗廟的祭祀規定非常嚴格，自西周中期以後，逐漸形成了天子七廟、諸侯五廟、大夫三廟、士一廟的等級制度。〔註43〕

（2）祭厲鬼。在周人的宗教觀念中，人如果非正常死亡，他的靈魂便要轉化為惡鬼，《左傳・昭公七年》曰：「匹夫匹婦，強死，其魂魄猶能馮依於

於是乎滛之。」

〔註40〕 《左傳・昭公六年》、《國語・晉語四》。

〔註41〕 《左傳・昭公十年》。

〔註42〕 《左傳・襄公九年》。

〔註43〕 《禮記・禮器》。

人，以爲淫厲。」「厲」就是惡鬼，爲避免惡鬼加害於人，就得向厲鬼獻祭，故《左傳‧昭公七年》又曰：「鬼有所歸，乃不爲厲。」關於祭祀厲鬼的內容，《禮記‧祭法》曰：「王爲群姓立七祀曰泰厲。……諸侯爲國立五祀曰公厲。……大夫立三祀曰族厲。」

肆、西周春秋時代宗教思想的特質

根據以上的敘述，可以發現周代的宗教信仰大致上還是繼承殷人而來，而將之發展得更爲深刻周密。在天神崇拜方面，周人將其至上神稱爲「天」，而非殷人所稱的「上帝」。跟殷人的上帝相較起來，周人的天具有下列幾項特色：

（1）人格神的特點顯著：殷代的上帝已具有自然神與人格神的雙重屬性，上帝是管理自然與下國的主宰，祂自己也有朝廷，有使、臣以供驅使。〔註44〕周人的天也具有這雙重屬性，但受天命觀的影響，人格神的特點佔了主導地位。

（2）天子觀念的出現：周王號稱「天子」，這在西周的金文和文獻中習見，所謂「天子」亦即天之子，周人顯然將王與天結成虛構的血緣關係，〔註45〕加強了周王的神意權威。

（3）祭天成爲周天子的專屬權利。殷代卜辭中並無明顯祭祀上帝的記錄，周人則在祭天上規範了隆重的儀式，並成爲周天子專屬的權利，《禮記‧曲禮》曰：「天子祭天。」透過天命、天子、祭天等觀念和儀式，周王室因此強化了政權的神權化，〔註46〕而與天有更緊密的結合。

在祖先崇拜方面，殷人對祖先的崇拜已不下於天神崇拜，並與宗法制度密切結合，以祖先崇拜爲核心，商人發展出一套「宗法制度」。武丁時代遍祀先公先王，但在帝乙、帝辛時化，只祭祀上甲以下的先王先妣，上甲以上的先公遠祖被排除在祀典之外。卜辭中的「大宗」祭祀自上甲以下的直系先王，「小宗」祭祀自大乙以下的旁系先王，這是一種重直系、別親疏的現象，顯示因親疏遠近的不同，商王室對先王的祭祀也有所差別。就宗族組織而言，卜辭中出現「王族」、「多子族」、「三族」、「五族」等名稱。王族是由時王及其親子爲骨幹所組成的家族；多子族是由先王部份未繼承王位的王子，在其父王卒後從王族中分化出去所建立的家族；三族、五族其義未詳；另外

〔註44〕陳夢家，《殷虛卜辭綜述》，頁572。
〔註45〕張鶴泉，《周代祭祀研究》，頁61。
〔註46〕李向平，《王權與神權》（瀋陽，遼寧教育出版社，1991年），頁46。

還有一些與商王同姓的貴族不稱"子"者，可能是多子族的後裔。以上這些子姓親族之間，實際上是以他們與時王血緣關係的疏近，形成一種分層的網狀結構。〔註47〕「左傳」曾記載商人的宗族結構道：「分魯公以……殷民六族：條氏、徐氏、蕭氏、索氏、長勺氏、尾勺氏，使帥其宗氏，輯其分族，將其類醜，以法則周公，用即命于周。」〔註48〕可見商人的宗族組織分成宗氏、分族兩大層次。商亡國後，魯分得殷氏六族，衛分得七族，另有一部分「殷頑民」被遷到洛邑，看來商人的分族數目不少，其宗族結構已頗爲複雜。

周人在這基礎上更進一步予以強化，《禮記‧大傳》曰：

> 親親故尊祖，尊祖故敬宗，敬宗教收族，收族故宗廟嚴，宗廟嚴故
> 重祖稷。

這一段話指出，爲了鞏固社稷，周人特別強調尊祖的親親精神，透過尊祖的親親意識而敬宗，因敬宗而能收族、統族，在嚴格的宗廟制度與祭祀之下，凝聚同姓宗族，最後達到拱衛周王室的目的。本著這項精神，周人在殷人大、小宗的基礎上，進一步發展出完備的宗法制度，而有所謂的「別子爲祖，繼別爲宗，繼彌者爲小宗。」〔註49〕以及「有百世不遷之大宗，有五世則遷之宗。」〔註50〕周天子是姬姓的大宗，諸侯爲其小宗；諸侯在國內爲大宗，卿大夫爲其小宗，透過這樣嚴密的大小宗制，全天下的姬姓族人都竭力擁戴其共同的大宗周天子，使周王室的政權益爲鞏固。周初的封建就帶有這種濃厚的色彩，《左傳‧定公二十四年》富辰曰：

> 太上以德撫民，其次親親，以相及也。周公弔二叔之不咸，故封建
> 親戚，以藩屏周。……周之有懿德也，猶曰「莫如兄弟」，故封建之，
> 其懷柔天下也，猶懼有外侮；捍禦外侮，莫如親親，故親親，故以
> 親屏周。

此謂周人爲捍禦外侮，乃基於親親的精神，大肆封建，思以親屏周，徐復觀故謂：「封建的紐帶便是宗法的親親」〔註51〕封建與宗法的綜合，構成周人強

〔註47〕 朱鳳瀚，《商周家族型態研究》（天津，天津古籍出版社，1990年），頁198。

〔註48〕 《左傳‧定公四年》。

〔註49〕 《禮記‧喪服小記》。

〔註50〕 《禮記‧大傳》。

〔註51〕 徐復觀，〈西周政治社會的結構性格問題〉，收於《兩漢思想史‧卷一》（台北，台灣學生書局，民國69年3月），頁27。

大的內聚力，至春秋時曹國的負羈猶言：「文、武之功，實建諸姬，故二王之嗣，世不廢親。」〔註 52〕春秋五霸的會盟精神，亦是源於此一親親意識。除此之外，關於宗法制度的內涵，楊寬認爲還包括宗廟制度、族墓制度、姓氏制度、內婚制度、嫡長子繼承制度、宗子主管制度等。〔註 53〕

宗廟之祭是宗法制度賴以存在的精神基礎，殷代已有宗廟制度，周人特別注重宗廟之祭，要求非常嚴格，營建宮室時，要以宗廟爲先。〔註 54〕宗廟祭祀的主要目的，在於發揚尊尊親親之精神，故《禮記・大傳》曰：

> 自仁率親，等而上之，至于祖，名曰輕。自義率祖，順而下之，至
> 于禰，名曰重。一輕一重，其義然也。

透過祭祀活動，可以統合親族間之感情，增強族群間之歸屬感。爲了辨世次，區分長幼、親疏遠近，又有「昭穆制」，《禮記・祭統》曰：

> 凡賜爵，昭爲一，穆爲一，昭與昭齒，穆與穆齒，此之謂長幼有序；
> ……夫祭有昭穆，昭穆者，所以別父子遠近、長幼親疏之序而無亂也。
> 是故有事於大廟，則群昭群穆咸在，而不失其倫，此之謂親疏之殺也。

另外，爲了嚴等級之制，又制定廟數之制，《禮記・王制》曰：「天子七廟、諸侯五廟、大夫三廟、士一廟、庶人祭於寢。」

透過天命思想，強調德治，輔以宗法制度、廟祭制度等，逐步形成了周人特有的“禮”文化。禮包含制度與禮儀兩大部分，在制度方面，根據《禮記・王制》的記載，有職官、班爵、授祿等官僚等級體系，有土地制度、關稅制度、行政區劃制度、刑律體系、朝覲制度、祭祀制度、自然保護制度、貴族喪葬制度、學校養老制度等，即傳統所謂的「典章制度」。在禮儀方面，〈王制〉提到「六禮」：冠、婚、喪、祭、鄉、相見；《周禮・大宗伯》則提到「五禮」：嘉、凶、吉、賓、軍。〈大宗伯〉提到的五禮偏重在國家方面，〈王制〉談到的六禮則涵括社會生活，周代的禮儀具見其中。禮是周人立國的根本，所謂「禮，國之幹也」，〔註 55〕「禮以紀政，國之常也」，〔註 56〕「政以禮成，民是以息」。〔註 57〕而周禮又與鬼神崇拜和崇祖意識息息相關，故

〔註 52〕《國語・晉語四》。
〔註 53〕楊寬，《古史新探》（北京，中華書局，1965 年）。
〔註 54〕《禮記・曲禮》曰：「君子將營宮室，宗廟爲先，廄庫爲次，居室爲後。」
〔註 55〕《左傳・襄公三十年》。
〔註 56〕《國語・晉語四》。
〔註 57〕《左傳・成公十二年》。

《禮記‧禮運》曰：「夫禮必本於天，殽于地，列於鬼神，達於喪祭射御冠婚朝聘。」又謂「孝，禮之始也。」〔註58〕孝即是崇祖意識的具體表現。如此一來，周人在政治上強調以德對天，在人倫上必須以孝對祖，宗教鬼神與道德倫理於是摶融而成“禮治”，成為周人政治社會生活的最高指導原則，故《禮記‧祭義》曰：「合鬼與神，教之至也。」〈祭統〉說的更明確：「凡治人之道，莫急於禮，禮有五經，莫重於祭。」為了維持統治，不能不敬天，為了維繫宗法紐帶，不能不祭祖，敬天法祖於是成為中國宗教的中心課題。〔註59〕尊祖敬宗，慎終追遠、孝悌順親、同族相恤等思想，從此成為中國文化思想的核心之一。不過，周禮的特色並不在於政治、職官、土地、經濟等制度，而在於以以一套象徵意義的行為及程序結構，來規範調整個人與他人、宗族、群體的關係，使社會生活高度儀式化，即使周禮中存在對於天地鬼神的崇拜和祭祀，但在西周以來的發展中，卻越來越多地注意其人事的社會政治功能，而不是信仰或神界本身，〔註60〕源自殷代的天神崇拜與祖先崇拜，在思想深度與人文道德方面，都得到進一步的提昇。

伍、春秋時代宗教思想的變動

就宗教思想與信仰型態而言，如前面所指出，殷代晚期已發展出天神崇拜、祖先崇拜與自然崇拜三種既相聯屬，而又各自獨立的信仰系統，周人依舊保持這種多元的宗教信仰，並未發展出一神教的型態。雖然如此，上帝仍享有莫大權威。不過，隨著人文意識的提昇和社會變動，上帝的權威受到了質疑，而逐漸下降，《詩經》中出現了許多怨天的思想，如「昊天不傭」、「昊天不惠」、「昊天不平」〔註61〕「疾威上帝，其命多辟，天生蒸民，其命匪諶。」〔註62〕作者直言上帝種種罪狀，加以指責，這是前所未見的，這些詩大概是西周末年或東周初期的作品，在平王東遷前後，政治社會動蕩不安之時，〔註63〕詩人對上帝的權威與仁慈，產生懷疑。逮春秋之世，在禮壞樂崩的情形下，重人事輕神道

〔註58〕《左傳‧文公二年》。

〔註59〕李向平，《王權與神權》，頁 254。

〔註60〕陳來，《古代宗教與倫理——儒家思想的根源》，頁 248、264。

〔註61〕《詩經‧小雅‧節南山》。

〔註62〕《詩經‧大雅‧蕩》。

〔註63〕梁國真，〈從典籍金文綜論西周之衰亡〉，第五章第二節「西周的覆亡及其原因之探討」（中國文化大學史研所碩士論文，民國 75 年 6 月）。

的思想迅速發展開來，子產提出「天道遠，人道邇」〔註64〕的觀念，叔興認爲「吉凶由人」，〔註65〕季梁則謂「夫民，神之主也。」〔註66〕史嚚更進一步說：「國將興聽於民，將亡聽於神。」〔註67〕在這股思潮的推動下，促使春秋戰國時代的宗教思想產生了大變動。

首先，孔子對殷周的宗教信仰進行了轉化與改進，第一，消除天神的人格性，使之抽象化，成爲命運之天、義理之天，如「天何言哉，四時行焉，百物生焉」；〔註68〕第二，限制天命的作用範圍，強調主觀能動性的發揮，天命決定人的死生、貴賤，即所謂「死生有命，富貴在天」，〔註69〕但在事業的進取上、道德的修養上，人應積極努力，所謂「人能弘道」，〔註70〕「爲仁由己」；〔註71〕第三，重祭祀而輕鬼神，突出祭祀的教化作用，孔子主張「敬鬼神而遠之」，〔註72〕謂「祭神如神在」，〔註73〕「未能事人，焉能事鬼」，〔註74〕祭祀祖先主要是培養孝悌之心，如曾子所謂「愼終追遠，民德歸厚矣」。〔註75〕在孔子的改革下，周人傳統宗教中的鬼神崇拜色彩大爲降低，而與德教禮治結合得更爲緊密。

孔子在敬天法祖的基礎上，建立了他的道德理論，老莊思想則乾脆否定天地鬼神的權威，強調自然無爲和絕對的精神自由，而脫離了宗教的限制，建立起獨立的哲學理論體系。所謂「道法自然」，〔註76〕老子的「道」不具有任何神性，是自然而然的一種原理規律，「爲而不恃，長而不宰」，〔註77〕從而否定了上帝鬼神的意志權威。

到了戰國時代，孟子繼承了孔子的天命論，又用民本主義加以充實，倡

〔註64〕 《左傳・昭公十八年》。
〔註65〕 《左傳・僖公十六年》。
〔註66〕 《左傳・桓公六年》。
〔註67〕 《左傳・莊公三十二年》。
〔註68〕 《論語・陽貨》。
〔註69〕 《論語・顏淵》。
〔註70〕 《論語・衛靈公》。
〔註71〕 《論語・顏淵》。
〔註72〕 《論語・雍也》。
〔註73〕 《論語・八佾》。
〔註74〕 《論語・先進》。
〔註75〕 《論語・學而》。
〔註76〕 《老子・第二十五章》。
〔註77〕 《老子・第二十五章》。

導只有仁民愛物才可以王天下。〔註78〕荀子則以自然之天否定神祕之天，認為並無鬼神，祭祀純係神道設教，「君子以為文，而百姓以為神」。〔註79〕莊子繼承老子的思想，認為「道天下一氣耳」，「人之生，氣之聚也。聚則為生，散則為死」，〔註80〕在思想上要遺忘自我，把自己完全融在自然之中，以此來齊是非，齊生死，達到一種絕對的精神自由。〔註81〕相對於孔子與老莊思想，墨子仍尊崇傳統的鬼神崇拜，主張「尊天事鬼」，在〈天志〉、〈明鬼〉等篇論證天有意志，鬼能賞罰，希望憑鬼神之威，能使大家兼愛交利，非攻節用。

另一方面，在戰國時代又興起了新的宗教思想，鄒衍倡導陰陽五行學說，將陰陽與五行結合起來，用以說明天道人道的變化規律，形成了以天人感應，陰陽五行為特色的宇宙觀與歷史觀。戰國末年呂不韋主編的《呂氏春秋》十二紀，用陰陽五行說構造了一個形式嚴整而龐大的世界圖式。另外，受陰陽五行說影響，亦產生五帝、五神、五祀說。神仙方術也在戰國中後期開始流行，《史記·封禪書》說，與鄒衍同時，「宋毋忌、正伯僑、充尚、羨門、高最後，皆燕人，為方仙道，形皆銷化，依於鬼神之事」，「燕齊海上之方士，傳其術不能通，然則怪迂阿諛苟合之徒，自此興，不可勝數也。」中國的宗教的發展從此展現出一番新的面貌。

陸、結　語

根據人類學家研究，遠古時代先民們曾經歷一段「泛靈信仰」階段。到了商代，商人的宗教信仰有了一番較大的轉變。由卜辭所見，商人的宗教信仰約可分為三大系統：一是天神崇拜，二是自然崇拜，三是祖先崇拜，其中又以天神崇拜與祖先崇拜最為重要，構成了周代以後中國宗教信仰的主要型態。就另一個角度而言，天神崇拜、祖先崇拜與商代的王權和宗法制度的發展，是息息相關的。商晚期發展出的五種祭祀，區分直系與旁系，其核心意識實際上就是祖先崇拜與親親意識，這種精神與制度，直接影響到周人的宗法制度。

在另一方面，周人克商之後，提出了「天命觀」的理論，強調敬天、尊

〔註78〕《孟子·梁惠王下》、〈離婁〉、〈盡心下〉。
〔註79〕《荀子·天論》。
〔註80〕《莊子·知北遊》。
〔註81〕《莊子·齊物論》。

德、保民的思想，被許多學者視爲商周宗教思想或人文精神的大變革。但這種見解似乎有值得商榷的地方，在商王朝的時代，商人已擁有四百多年的歷史文化，其文明相當發達，周則是僻處西方的「小邦周」，雖經太公、季歷、文王數代的經營，周人的文化思想應還落後於商人，周禮大致上是繼承殷禮而來的。文化思想的進步，通常是呈漸進式的變化，而非突發式的劇烈轉變，何況卜辭的內容能代表多少殷人的思想文化，本身是個問題，加之以戰勝國的片面資料去解釋亡國的歷史文化，往往容易失之偏頗。因此周人的天命觀有可能是繼承殷人而來，只是周人將它改造得更爲深刻、更爲強調而已。

在殷人的宗教信仰基礎上，周人依然保持著天神崇拜、祖先崇拜與自然崇拜三大信仰系統，而有進一步的發展。政治上強調以德對天，人倫上必須以孝對祖，宗教鬼神與道德倫理摶融而成“禮治”思想，敬天法祖於是成爲中國宗教的中心課題。但到了春秋戰國時代，宗教思想產生了一次大變動，孔子對殷周的宗教信仰進行了改造，使敬天法祖的觀念與德教禮治結合得更爲緊密。老莊則否定天地鬼神的權威，建立獨立的哲學理論體系。另一方面，戰國時代出現了陰陽五行學派，以及五帝崇拜和神仙方術的新宗教思想。中國宗教的發展從此展現出另一番新的面貌。

商周文化是因革損益，或爲劇變，學者的看法不一。不過文化的發展常有其繼承的一面，也有其綂化的一面，因革或劇變端視從那個角度或時空面來看。就商周的宗教思想與信仰型態而論，整體而言，是以尊天敬祖爲核心基礎，從而展開各種禮法制度與思想，愈往後，禮法制度愈周密完備，思想層次愈不斷提昇。在西周春秋時代，宗教思想曾經歷兩次大變動，一次是商周之際的天命觀，另一次是春秋戰國時代，影響至爲深遠。但從整個過程中我們也可以發現一種二元現象，即知識份子的宗教思想的層次雖然不斷在提昇，但久遠以來的鬼神迷信與祭祀依然盛行於民間。另外，儒家敬天法祖的理論，雖然極力強調道德的實踐，但仍然沒有擺脫天命鬼神的影響。

附錄三：試論西周晚期的外患

（原載於《中國歷史學會史學集刊》第 29 期，民國 86 年 9 月）

一、序　言

　　史學研究必須依據資料，資料的多寡，往往左右學者對歷史的解釋。資料愈多，愈能掌握歷史事件的來龍去脈，資料愈少，歷史的眞相，就比較難以了解。歷史事件之發生，往往有其複雜的過程和原因，而古代典籍所記，或以斷簡殘篇，難以詳其始末；或以年代久遠，眞象已堙沒不彰。而且即使典籍所記較爲詳盡，有些亦因各家見仁見智，而難以定論。所以新史料的出現，往往能補助舊史料之不足，最爲學者所樂見。再者，我國上古史的文獻資料，多係經傳諸子，原有其特定的著作目的，欲據以考察某一歷史事件的原委，眞是戛戛乎其難。《史記》一書，雖較爲完整，但對古代史事亦僅記述一個大概而已，其內容可說甚爲疏略，例如〈周本紀〉就是如此。文獻記載的古代史事，既是一鱗半爪，因此古史的研究，新舊史料的參互運用，實爲不可或缺的工作。〔註1〕

　　自王國維先生〈古史新證〉主張以「地下史料」來印證「紙上史料」〔註2〕以後，甲文、金文運用於古史的研究，成爲地下史料最基本的部分。以往甲骨文對於殷商史的研究，在學術上已有可觀的成績，金文之於西周史的研究，相形之下，就沒有甲骨文那般地光彩奪目，但近數十年來，重要的銅器銘文不斷出現，提供了許多新的金文史料，使西周史的研究風氣大開，時至今日，金文已成爲研究西周史主要材料之一，如果捨金文資料不用，西周史的研究，幾乎

〔註1〕有關這點，從王國維先生〈古史新證〉以來，已成史學界共同的體認。

〔註2〕這是王國維先生所謂的「二重證據法」，見〈古史新證〉，載於《王觀堂先生全集》，第六冊（台北，文華出版公司，民國 57 年 3 月）。

難以進行。

銅器銘文是目前研究西周史的寶貴材料，迄今為止，出土的西周具有銘文的銅器，已不下數百件之多，但這些銅器銘文，除了少數的標準器，明確地記載屬於那一個王之外，大多數都不知其正確的年代，因此，欲利用銅器銘文來研究西周史，首須做好銅器斷代的工作。西周銅器斷代綜合研究，始於郭氏的《兩周金文辭大系考釋》，自從此書問世之後，西周銅器的斷代，才有了初步的標準，金文資料也才能大量地運用於西周史的研究上。繼郭氏之後，對西周銅器斷代做綜合研究的，有吳其昌先生的〈金文麻朔疏證〉、容庚先生的《商周彝器通考》和陳夢家先生的〈西周銅器斷代〉。他們四人所使用的方法，郭氏和容氏是以人名的繫連為主，銅器的花紋形制為輔，吳氏是從器銘的年月干支和曆法著手，陳氏則偏重於銅器的花紋形制。然而，理想的斷代法，應該是人名與花紋形制和曆法並重，才能使研究成果臻於客觀，他們四人的斷代方法各有所偏，所得的結論，自然有不少地方不能盡如人意。如今，隨著新器銘不斷的出土，人名的連繫已有更多的依據，累積的花紋形制的知識，也愈來愈豐富，這些有利的條件，促使目前斷代的研究，有令人刮目相看的成績。例如，以前定在成王時代的伐楚諸器，現在似乎要改隸為昭王時器；〔註3〕記伐東夷的「明公簋」和「小臣謎簋」等器，以前定在成王時期，現在也應改定在康昭時期；〔註4〕記毛公三年靜東國的「班簋」，須由成王時代改為穆王時代；〔註5〕「宗周鐘」亦須由昭王時器改定為厲王時器。〔註6〕從這些例子可以看出，隨著銅器斷代研究的開展，有關西周史的許多問題也必須重新檢討或改寫。

根據金文和典籍資料，西周晚期（厲、宣、幽王時期），周王室曾和北方的玁狁及東夷、淮夷、濮等，發生多次戰爭，雙方似乎互有勝負。嚴重的外患帶給周王室巨大威脅，赫赫宗周，最後竟亡於犬戎。西周晚期外患為何如此熾烈？雙方交戰過程如何？周王室為何亡於犬戎？有關這些問題，有些文

〔註 3〕 唐蘭，〈論周昭王時代的青銅器銘刻〉，《古文字研究》第 2 輯（1981 年 1 月），頁 12～162。

〔註 4〕 唐蘭，〈論周昭王時代的青銅器銘刻〉，頁 12～162。

〔註 5〕 李學勤，〈西周中期青銅器的重要標尺——周原莊白、強家兩處青銅器窖藏的綜合研究〉，《中國歷史博物館館刊》，1979 年第 1 期，頁 34。

〔註 6〕 張政烺，〈周厲王胡簋釋文〉，《古文字研究》第 2 輯（1980 年 11 月），頁 104～119。

獻中未曾記載，有些則是雖有記載，但相當疏略。在大量的新資料出土後，
這些問題已浮現較爲清楚的輪廓，本文擬綜合金文和典籍資料，博採當代學
者見解，在這方面做較有系統的探討。

二、周王室與東夷、淮夷的和戰關係

西周晚期淮夷聲勢浩大，與周王室的對抗相當激烈，淮夷甚至聯合東夷
與濮等，對周王室作大規模的攻伐，對周王室造成重大的威脅，典籍與金文
史料均記載其事。

西周晚期淮夷數度攻伐周王朝。厲王時期，淮夷曾伐周，典籍與金文皆
有記載。《後漢書·東夷傳》曰：

> 厲王無道，淮夷入寇，王命征之，不克。

依《後漢書》之言，可見厲王時代淮夷曾入侵周王朝，厲王雖派兵征討，並
未獲勝。

「宗周鐘」則載淮夷與東夷大規模伐周，銘文曰：

> 王肇遹眚（省）文武，堇（勤）疆土。南或（國）及緐敢陷虐我土。
> 王虘伐其至，戲伐氒都。及緐迺遣閒來逆邵王，南尸（夷）東尸（夷）
> 具見，廿又六邦。佳皇上帝百神，保乎（余）小子。（中略）獣其萬
> 年，獣（畯）保三或（域）。〔註7〕

此器舊以爲是昭王之器，有的學者認爲是厲王自作之器。〔註8〕銘文言南國服

〔註7〕 郭沫若，《周兩金文辭大系考釋》，頁51。
〔註8〕 「宗周鐘」是周王所作之器，其銘文字體不類西周前期的肥筆方形，而是屬
於西周後期的瘦筆方形（見貝塚茂樹，《中國古代史學の發展》，東京，弘文
堂書房，1967年7月，頁156）。但由於銘文中有「逆邵王」之語，遂被斷爲
昭王之器，而銘文最後有「獣其萬年」之語，顯見作器者是「獣」。郭氏認爲
即昭王名瑕之本字。孫詒讓和唐蘭則都把「逆邵」二字連讀，即「來歸」之
意，唐蘭並指出：周初無鐘，本銘字體亦不甚古，疑是厲王時器，厲王名胡，
胡音亦近轉（郭、孫、唐三人的見解，參閱《兩周金文辭大系考釋》51～52
頁）。唐蘭的見解不太被學者接受，但1978年5月陝西扶風縣齊家村發現一
件周王鑄之簋，銘文後曰：「獣其萬年」，器形和字體均屬西周晚期風格，故
報告者定其爲厲王獣殷（羅西章，〈陝西扶風發現西周厲王獣殷〉，《文物》，
1979年第4期，頁89）。1981年陝西扶風縣白家村又發現一件周王鑄作之鐘，
銘文後亦曰：「獣其萬年」，其器形和銘文內容同於前述之獣簋，報告者因此
定其爲厲王之祭器（穆海亭，〈新發現的周周王室重器五祀獣鐘考〉，《人文雜
誌》，1983年第2期，頁118～119）。由這兩件獣簋與獣鐘的出土，似可斷定

子侵犯周朝領土，於是王反擊之，並迫伐其都，服子乃遣使者見王，南夷東夷二十六邦也一齊晉見，由此可以想見這之反周規模之浩大，屬王的征討戰略，大概是逕攻服國都城，迫其投降，從而瓦解整個叛亂陣營。銘文首云：「王肇遹省文武勤疆土」，則此一事件當發生於屬王親政初期。

此外，「無㝫簋」、「虢仲盨」銘文亦載屬王征淮夷，「無㝫簋」銘文曰：

> 隹十又三年正月初吉壬寅，王征南尸（夷）。（下略）〔註9〕

「虢仲盨」銘文曰：

> 虢仲吕王南征，伐南淮夷，才成周。（下略）〔註10〕

以上這些記載，不知是否為同一事，抑或數次不同的事件，但當是屬王時代之事。

西周中期偏晚的一件銘文「禹鼎」，曾記載鄂侯率領南淮夷和東夷大規模進攻周王朝。〔註11〕由「禹鼎」和「宗周鐘」銘文所見，這兩次淮夷和東夷的伐周都是由鄂侯或服子率領，鄂國在湖北，服子可能是群漢之君，〔註12〕

「㝬」即是屬王胡，因此「宗周鐘」也應是屬王所作之器。

〔註 9〕郭沫若，《周兩金文辭大系考釋》，頁 120。

〔註10〕郭沫若，《周兩金文辭大系考釋》，頁 120。

〔註11〕郭沫若將「噩侯鼎」、「禹鼎」、「敔簋」定為夷王時器（見《周兩金文辭大系考釋》，頁 107～110）。徐中舒則認為這三器屬於屬王時代（見〈禹鼎的年代及其相關問題〉，《考古學報》，1959 年第 3 期，頁 56）。李學勤認為將「噩侯鼎」等暫列於夷王時，「禹鼎」等列於屬王時較合適（見〈論多友鼎的時代及意義〉，《人文雜誌》，1981 年第 6 期，頁 90）。「翏生盨」是晚出之器，所記征伐之事與「噩侯鼎」同。劉翔認為「禹鼎」腹部所飾文題紋飾環帶紋，是西周中期偏晚開始流行的新型紋樣，其形制、花紋均接近屬王時代的「善夫克鼎」，但蹄足較「善夫克鼎」內斂，其年代要早於「善夫克鼎」，故定其為夷王時器。「敔簋」的銘文字型書法保存了西周中期金文的遺風，銘文內容與「禹鼎」緊密相關，且都有武公共人，故亦定為夷王時器。「噩侯鼎」圓底深腹，口頸處飾顧龍紋樣，為西周中期偏晚的風俗，亦定為夷王時器。「翏生盨」附耳，通體密飾瓦紋，較之「虢仲盨」、「駒父盨」等屬、宣時期的典型盨類，差異很大，顯然屬於較早的形式，故亦定為夷王時器（見〈周夷王經營南淮夷及其與鄂之關係〉，《江漢考古》，1983 年第 3 期，頁 44）。吳鎮烽亦認為「禹鼎」立耳淺腹，底部近平，鼎腿上部有獸面，其下呈向蹄足過渡的形式，口緣下飾曲紋，腹飾環帶紋，這種形制、紋飾都和懿王世的「王伯姜鼎」、夷王世的「小克鼎」相同，是西周中期後段到晚期之初流行的式樣，再從鼎銘所記載的禹家族的世系排比，它應是夷王世的作品。載〈陝西西周青銅器斷代分期與分期研究〉，《中國考古學研究論集——紀念夏鼐先生考古五十周年》（西安，三秦出版社，1989 年 12 月，頁 279～280）。

〔註12〕楊樹達在〈宗周鐘跋〉一文中指出，南國服子與荊楚有關，乃指江漢之南群

均位於江漢地帶。換言之，從西周中葉晚期開始，淮夷已與江漢諸國甚至東夷聯合伐周，周王朝應已察覺這種新形勢的發展，日後宣王命召伯虎經營南國，徙封申伯於南陽，並命仲山甫城齊，可能就是爲了應付這個新局勢。

宣王時代淮夷再度伐周，不過淮夷的伐周行動似乎是受周王室的侵凌所引起。「兮甲盤」銘文曰：

> 佳五年三月既死霸庚寅，
>
> 王初各（略）伐厰狁（玁狁）于嚻盧，兮
>
> 甲從王，折首執噝（訊），休，亡啟（泯）。
>
> 王易（錫）兮甲馬三匹、駒轚（車）。王
>
> 令甲政（征）鬴（治）成周三方賣（積）至
>
> 于南淮尸。淮尸（夷）舊我賈晦（賄）人，母（毋）
>
> 敢不出其員、其賣、其進人、
>
> 其實，母（毋）敢不即餗（次）即㠱（市），敢
>
> 不用令（命），剔即井（刑），屢（撲）伐。其佳
>
> 我者戻（諸侯）百生（姓），卒實母（毋）不即
>
> 㠱（市），母（毋）敢或（有）入緣（蠻）宄（宄）實，剔亦
>
> 井。兮白吉父乍般（盤），其
>
> 萬年無疆，子子孫孫永寶用。〔註13〕

嚻盧王國維釋爲「彭衙」，〔註14〕故城在今陝西白水縣東北，這是宣王五年王軍初次征伐玁狁獲勝的記錄，兮甲即兮伯吉父，郭沫若認爲即是尹吉甫。賣，郭沫若釋爲積，意爲委積，員爲貝布之布，晦爲賄，員晦人即賦貢之臣；其進人爲力役之征；實爲關稅之征；〔註15〕「次」大概是管理市場的機構，「即次即市」可能是要淮夷的賈人到規定的市場去，以控制淮夷和內地的商業交易。〔註16〕銘文言宣王征伐玁狁得勝後，命兮甲征治成周四方委積，並言淮夷爲向王室賦貢之臣，不敢不出賦貢、力役、關稅，淮夷的商賈必須到規定

漢之君。載《積微居金文說》（北京，科學出版社，1959 年 9 月），頁 136。

〔註13〕 郭沫若，《周兩金文辭大系考釋》，頁 143。

〔註14〕 王國維，〈鬼方昆夷玁狁考〉，收入《觀堂集林》，卷 13「史林」五（台北，世界書局，民國 64 年 3 月），頁 598～599。

〔註15〕 郭沫若，《周兩金文辭大系考釋》，頁 144。

〔註16〕 李學勤，〈兮甲盤與駒父盨——論西周末年周朝與淮夷的關係〉，《西周史研究》（西安，《人文雜誌叢刊》第 2 輯，1984 年 8 月），頁 269。

的市場進行交易，若不用命即行撻伐，諸侯百姓之商賈不可爲逃避征稅而遁入蠻方。玁狁自厲王以來，即成爲周王朝的嚴重外患，宣王雖然征討玁狁旗開得勝，但尚未取得決定性的勝利，葉達雄先生指出，宣王爲了對付玁狁，必須保持兵力，爲了保持兵力，必須維持其經濟的充裕，欲維持其充裕的經濟，不得不向諸侯人民徵稅，結果引起了淮夷的反抗。〔註 17〕

「兮甲盤」銘文透露出在宣王之前，淮夷至少有相當一段時間是服屬於周的，但宣王以嚴峻的口氣，高昂的姿態要淮夷出貢賦、力役之征等，似乎激起了淮夷的反抗，「師寰簋」銘文曰：

> 王若曰：「師寰𠂤（父），淮尸（夷）繇我
>
> 員畮臣，今敢博氒眾叚（暇），反氒工吏，
>
> 弗逨（蹟）我東䧴（域）。今余肇令（命）女（汝）
>
> 齊帀、曩𡚬、僰屄左右虎臣正（征）淮尸（夷），
>
> 即質氒邦嘼（酋），曰林曰𦵯曰鈴曰
>
> 達。」師寰虔不㒸（墜），夙夜卹氒牆（將）
>
> 事，休既又工（有功），折首執䜌（執訊），無諆徒駿，
>
> 毆孚（俘）士女羊牛，孚（俘）吉金。（下略）〔註 18〕

乃言淮夷反周，王命師寰父率齊、曩、僰等國虎臣征伐淮夷，並指名擄殺四名酋長，師寰父不辱王命，征討有功。「兮甲盤」銘文曾提及王說淮夷乃我舊貢賄國，若敢不出貢賦即撻伐之，此簋王亦曰「淮尸繇我員畮臣」，語氣完全相同，似乎淮夷不肯繳納貢賦、力役而反周了。

除了金文的記錄外，典籍亦記載宣王伐淮夷，並命召伯虎經營南國，但不知兩者是否爲同一事。《詩經・大雅・江漢》曰：

> 江漢浮浮，武夫滔滔。匪安匪遊，淮夷來求。既出我車，既設我旟。
>
> 匪安匪舒，淮夷來鋪。江漢湯湯，武夫洸洸。經營四方，告成于王。
>
> 四方既平，王國庶定。時靡有爭，王心載寧。江漢之滸，王命召虎，
>
> 式辟四方，徹我疆土。匪疚匪棘，王國來極。于疆于理，至于南海。
>
> 王命召虎：「來旬來宣。文武受命，召公維翰。無曰：『予小子』，召
>
> 公是似。肇敏戎公，用錫爾祉。」

〔註 17〕葉達雄，《西周政治史研究》（台北，明文書局，民國 71 年 12 月），頁 118～122。

〔註 18〕郭沫若，《周兩金文辭大系考釋》，頁 146。

江漢，可能爲漢江之倒文，即漢水。詩云軍旅來此，乃爲征討淮夷，王在漢
水之邊命召伯虎經營南國至于南海，並勉他追踵召公之功業。根據詩文宣王
也來到漢水邊，而〈大雅・常武〉載王親征徐方，則〈江漢〉所記可能是王
伐徐方經過漢水時，命召伯虎經營南國。

　　召伯虎的重要功績是平定南國，並定申伯之宅土，〈大雅・嵩高〉曰：

　　　　亹亹申伯，王纘之事。于邑于謝，南國是式。王命召伯，定申伯之
　　　　宅。登是南邦，世執其功。王命申：「式是南邦。因是謝人，以作爾
　　　　庸。」王命召伯，徹申伯土田。王命傅御，遷其私人。申伯之功，
　　　　召伯是營。有俶其城，寢廟既成，既成藐藐。王錫申伯，四牡蹻蹻，
　　　　鉤膺濯濯。王遣申伯，路車乘馬。「我圖爾居，莫如南土。錫爾介圭，
　　　　以作爾寶。往近王舅，南土是保。」

這是宣王之舅申伯出封於謝，吉甫作詩以送之。謝在今河南南陽，〔註19〕〈江
漢〉言王命召伯經營南國，此詩言王命召伯定申伯之宅，徹其土田，以作爲
南國之榜樣，此詩顯然是在〈江漢〉所記之事之後，宣王徒封申伯於謝的目
的，是爲了鎮撫南國。

　　爲了平服淮夷之亂，宣王除了派召伯虎經營南國之外，宣王本人亦親征
徐方，〈大雅・常武〉曰：

　　　　赫赫明明，王命卿士，南仲大祖，大師皇父。整我六師，以脩我戎。
　　　　既敬既戒，惠此南國。王謂尹氏，命程伯休父，左右陳行，戒我師
　　　　旅：率彼淮浦，省此徐土，不留不處。」三事就緒。赫赫業業，有
　　　　嚴天子，王舒保作。匪紹匪遊，徐方繹騷。震驚徐方，如雷如霆，
　　　　徐方震驚。（中略）王猶允塞，徐方既來。徐方既同，天子之功。四
　　　　方既平，徐方來庭。徐方不回，王曰：「還歸。」

這首詩是講宣王親征徐方，軍行甚速，使徐方震驚，王師作戰勇猛，迫使徐
方歸服。詩云：「率彼淮浦，省此徐土」，則宣王是順著淮水攻伐徐方，〈江漢〉
言王在漢水邊命召伯虎經營南國，而〈江漢〉與〈常武〉所記可能是同時之
事，故宣王出征之路線，可能是出褒斜谷，順漢水而下，再循淮水直攻徐方。
〔註20〕

〔註19〕陳槃，《春秋大事表列國爵姓及存滅表譔異》（台北，中央研究院歷史語言研
　　　　究所專刊之五十二，民國48年8月），頁152～155。
〔註20〕徐中舒曰：「合兩詩觀之，征伐淮夷而必出師江漢者，蓋由宗周出師，必由褒

宣親自征服徐方，召伯虎平定南國，淮夷再度爲周王室所降服，但由「駒父盨」蓋銘文所見，宣王十八年猶有諸侯聯軍戌於上蔡，雙方的關係似乎仍然相當緊張，銘文曰：

> 唯王十又八年正月，南仲邦父命
>
> 駒父殷南者（諸）侯，達高父見南淮夷厥取厥服，堇夷
>
> 俗；豕（遂）不敢不敬畏王命，逆見我
>
> 厥獻厥服。我乃至于淮，小大邦亡敢不剤（諸）
>
> 具逆王命。四月　　（還）至于蔡，乍
>
> 旅盨，駒父其萬年永用多休。〔註21〕

銘文言南仲邦父命駒父率同高父去淮夷索取貢物，並斷言淮夷不敢違抗王命，駒父和高父到了淮夷地區，各小大邦果然不敢違抗王命，他們在淮夷地區巡歷了三個月，到了四月才回到上蔡。

宣王時代，亦曾平定荊蠻，關於平荊蠻之事，〈小雅・采芑篇〉曰：

> 薄言采芑，于彼新田，于此菑畝。方叔涖止，其車三千，師干之試。
>
> （中略）
>
> 蠢爾蠻荊，大邦爲讎！方叔元老，克壯其猶。方叔率止，執訊獲醜。
>
> 戎車嘽嘽，嘽嘽焞焞，如霆如雷。顯允方叔，征伐玁狁，蠻荊來威。

此言荊蠻蠢動，方叔率軍來伐，方叔所率領的戰車有三千乘。西周時期一輛戰車大概配備十名武士，因此方叔所率領的軍隊大概有三萬人之多，或許就是西六師。〔註22〕

三、周王室與戎人的關係

西周晚期，北方戎人勢力大盛，對周王室構成嚴重的威脅，厲王雖曾平服淮夷、東夷與群濮的侵伐，但對北方戎人的征伐，卻不盡順利，勝負各見，「虢季子白盤」銘文曰：

> 佳十又二季正月初吉丁亥，虢季子白乍寶盤。不（丕）顯子白，壯
>
> （壯）武于戎工，經縷（維）三方，博伐厥狁（玁狁）于洛之陽，

斜沿漢而南，再由漢而東，以至淮浦。」見〈殷周之際史蹟之檢討〉，《中央研究院歷史語言研究所集刊》，第7本第2分（民國25年12月），頁26。

〔註21〕夏含夷，〈從駒父盨蓋銘文談周王朝與南淮夷的關係〉，《漢學研究》，第5卷第2期（民國76年12月），頁596。

〔註22〕楊英傑，〈先秦戰車制度考釋〉，《社會科學戰線》，1983年第2期，頁150～154。

折首五百，執嘓（訊）五十，是吕先行。趩々子白，獻戲（馘）于
王。（下略）〔註23〕

乃言虢季子白搏伐玁狁有所斬獲，先回去向王獻功，根據「不嬰簋」銘文，
可知他命不嬰繼續追擊，而這次戰事是發生在十一年夏秋之間，「洛之陽」，
是指北洛水之東。「不嬰簋」銘文曰：

唯九月初吉戊申，白氏曰：「不嬰駁方，厰允（玁狁）廣伐西俞，王
令（命）我羞追于西，今來歸獻禽。余命女（汝）御追于䈪。女（汝）
吕我轛（車）宕伐厰允（玁狁）于高陶。女（汝）多折首執嘓（執訊），
戎大同迷追女（汝）。々彶（及）戎，大臺。女（汝）休，弗吕我轛
畐（陷）于艱（艱）。女（汝）多禽，折首執嘓」（下略）〔註24〕

高陶，王國維釋為「高陵」，〔註25〕䈪，蓋即洛，西俞，不詳所在。綜合「虢
季子白盤」和「不嬰簋」銘文，玁狁來犯，王命虢季往西追，交戰的地點首
先在北洛水之東，虢季先回去獻擒，然後命不嬰繼續西追，不嬰一直追擊至
高陵，大概在班師時，戎人反由後攻之，不嬰還軍與戰，又多擒獲。根據器
銘，玁狁由何處來犯，不得而知，但周師的追擊路線，是由東向西，而且虢
季還要先回去獻擒，則這次征討玁狁的軍隊，大概是由成周出發。

一九八一年出土的「多友鼎」，載玁狁伐京師，銘文曰：

唯十月，用嚴捿狁廣伐京吕，告追于王。命武公：「遣乃元士，羞
追于京師。」武公命多友率公車羞追于京師。癸未，戎伐筍，衣孚
（俘）。多友西追。甲申之晨，搏于郏，多友右（有）折首執訊，凡
以公車折首二百又囗又五人，執訊廿又三人，俘戎車百乘一十又七
乘，衣匋（復）筍人俘；或搏于龔，折首卅又六人，執訊二人，俘
車十乘；從至，追搏于世，多友或有折首折訊；乃軞（逞）追，至
于楊冢，公車折首百又十五人，執訊三人。唯俘車不克，以衣焚。
唯馬毆（毆）盡。復奪京師之俘。多友乃獻俘、嘓（馘）、訊于公。
公乃獻于王。（下略）〔註26〕

上列銘文大意是說：玁狁伐京師，王命武公追擊之，武公命多友追之於京師，

〔註23〕郭沫若，《周兩金文辭大系考釋》，頁103～104。
〔註24〕郭沫若，《周兩金文辭大系考釋》，頁106。
〔註25〕王國維，〈鬼方昆夷玁狁考〉，《觀堂集林》，卷第13，頁597。
〔註26〕劉雨，〈多友鼎銘的時代與地名考訂〉，《考古》，1983年第2期，頁152。

多友四戰四勝，且奪回被俘之人。「多友鼎」銘文所記載的內容十分重要，它透露了幾項重要的消息，第一，武公命多友率公車往伐，四戰四勝，再度顯示武公軍隊的戰鬥力相當強；第二，這次俘獲的戰車共計一百二十七乘，尚有玁狁自己焚燬者未計，數量不算少，可見玁狁已知使用車戰；第三，玁狁這次入侵的主要目的，似乎是在掠奪人口，故擄走京師和筍的人口，而多友一再窮猛打，似乎也著重在奪回被俘的人，顯然雙方都很重視這些人口。此多，「多友鼎」銘文所出現的地名，對考察玁狁主要分佈的所在，也很重要，但由於學者對京師和筍之地望有不同的看法，使玁狁的所在地仍是混淆不明。

厲王之時，戎患已是相當嚴重，其勢及於岐周與宗周之間，《史記·秦本紀》曰：

> 秦仲立三年，周厲王無道，諸侯或畔之。西戎反王室，滅犬丘大駱之族。

《竹書紀年》亦曰：

> 厲王無道，戎狄寇掠，乃入犬丘，殺秦仲之族，王命伐戎，不克。
> 〔註27〕

犬丘，在今陝西興平縣東南。〔註28〕大駱之族，為秦之先族，有保護西陲的作用，《史記·秦本紀》曰：

> 申侯乃言孝王曰：「昔我先酈山之女，為戎胥軒妻，生中潏，以親故歸周，保西垂，西垂以其故和睦。今我復與大駱妻，生適子成。申駱重婚，西戎皆服。」

大駱之族居於犬丘，位處岐周與宗周之間，有保護西陲的作用，西戎滅之，可見戎患已迫近西周的心臟地區，而厲王伐之不克，足見戎人聲勢之盛。

厲王時，戎禍已相當嚴重，其勢危及周王朝的心臟地區。面對此一局勢，周室的當務急，首在驅除戎患，故宣王繼位後，經過一番整頓，即於四年開始對戎人用兵，其對象為戎丘附近的西戎。但這次的征討，不是出動王軍，而是命秦人伐之，《竹書紀年》曰：

> 及宣王立，四年，使秦仲伐戎，為戎所殺。王乃召秦仲子莊公，與兵七千人，伐戎破之，由是少卻。〔註29〕

〔註27〕《後漢書·西羌傳》注引。
〔註28〕錢穆，《古史地理論叢》（台北，東大圖書公司，民國71年7月），頁215。
〔註29〕《後漢書·西羌傳》注所引。

《史記·周本紀》亦曰：

> 秦仲立二十三年，死於戎。有子五人，其長者曰莊公。周宣王乃召
> 莊公昆弟五人，與兵七千人，使伐西戎破之。於是復予秦仲後，及
> 其大駱地犬丘並有之爲西垂大夫。

秦仲是大駱之分族之居於西犬丘者。大駱本族在厲王時被西戎所滅，宣王故
命秦仲伐西戎，但秦仲亦爲戎人所殺，宣王又與秦仲之子兵七千人，使其伐
西戎，結果破之，戎勢稍退。

宣王五年，王軍初伐玁狁，有「兮甲盤」銘文記其事曰：

> 佳五季三月既死霸庚寅，王初各伐厰狁于䆘盧。兮甲從王，折首執訊，
> 休，亡斁。王易兮甲馬三匹、駒尌（車）。王令甲政（征）鎬（治）
> 成周三方賣（積）至于南淮尸。淮尸（夷）舊我負晦（賄）人，母（毋）
> 敢不出其負、其責。其進人、其實，母（毋）敢不即餗（次）即帇（市），
> 敢不用令（命），剚即井（刑），屢（撲）伐。其佳我者厌（諸侯）百
> 生（姓），卑實母（毋）不即帇（市），母（毋）敢或（有）入縊（蠻）
> 宄（宄）實，剚亦井（刑）。兮白吉父乍般（盤）。（下略）〔註30〕

䆘盧王國維釋爲「彭衙」，〔註31〕故城在今陝西白水縣東北，可見作戰的地點
是在北洛水下游一帶。銘文中沒有記載特別的擄獲，或許是因爲王軍初次出
擊，戰爭的規模並不大的緣故。兮甲，即兮伯吉父，即尹吉甫，這次戰役後，
王命他征治成周四方以及南淮夷地區的糧食賦稅，並兼理南淮地區商賈貿易
之事，似乎是在爲大規模的用兵作準備。〔註32〕

由《詩經·小雅》〈六月〉、〈采薇〉和〈出車〉來看，宣王初期玁狁的勢
力相當猖獗，情勢非常緊張，戰事的進行也很艱苦，〈六月〉詩曰：

> 六月棲棲，戎車既飭。四牡騤騤，載是常服。玁狁孔熾，我是用急。
> 王于出征，以匡出征，以匡王國。（中略）玁狁匪茹，整居焦穫。侵
> 鎬及方，至于涇陽。織文鳥章，白斾中央。元戎十乘，以先啓行。（中
> 略）薄伐玁狁，至于太原。文武吉甫，萬邦爲憲。吉甫燕喜，既多
> 受祉。來歸自鎬，我行永久。（下略）

〔註30〕郭沫若，《周兩金文辭大系考釋》，頁143。
〔註31〕王國維，〈鬼方昆夷玁狁考〉，頁598～599。
〔註32〕見葉達雄，《西周政治史研究》，頁118～122。劉翔亦指出：「兮甲由武將轉爲
　　　管理財政賦稅，這恐怕與當時北伐玁狁戰爭急需物質的補充密切相關。」見
　　　〈周宣王征南淮夷考〉，《人文雜誌》，1983年第6期，頁66。

詩言「玁狁孔熾，我是用急」，可見玁狁勢力大張，軍情緊急，宣王親自出征，伐玁狁至太原，尹吉甫也攻至鎬。〈六月〉詩裡出現了焦穫、鎬、方、涇陽和太原幾個地名，原本有助於了解玁狁的所在地，但由於學者對太原地望的看法見仁見智，遂對玁狁的所在有許多不同的說法，連帶地對金文中的多組地名所在也有紛歧的解釋。〔註33〕在未有新史料出現之前，何者正確，難以斷定，不過，仔細檢討〈六月〉詩裡玁狁所侵暴的地區，似乎是以錢穆氏所主張的「東及鎬而西至方，皆沿大河北岸。由是沿河西侵，其兵鋒踰河而西，乃及於涇陽也」，較爲合理，〔註34〕因此，所謂「薄伐玁狁，至于太原」之太原，也應以王、錢二氏所主張之河東說爲長。〔註35〕至於玁狁的所在地，及其與西戎是否是同族異稱的問題，綜合典籍與金文資料來看，西戎當是西北方戎族的總名，玁狁則爲戎族的一支，位於宗周的東北方秦晉高原一帶。〔註36〕

〔註33〕關於太原之地望，有四種說法，一是山西太原，朱熹和杜預主之；二是晉南，王國維和錢穆主之；三是後魏所立之原州，即今寧夏固原縣，這也是一般通行的看法；四是漢時五原，即秦、趙之九原，亦即今綏遠包頭市西北，蒙文通和朱佑曾主之。

由於對太原地望的認定不同，「多友鼎」銘所記載的地名，遂亦有陝西和山西之歧見。李學勤認爲京㠯即京師，是地區名非專名，筍即旬邑，在周原地區，龏即共，世和楊冢在寧夏固原一帶，因此玁狁常居之地是在周西北方。（見〈論多友鼎的時代及意義〉，《人文雜誌》，1981年第6期，頁91～92。）黃盛璋則認爲「多友鼎」所記載的戰役，是發生在晉南地區，京師是晉國始祖始封之地，在新絳西北、筍即荀，西周晚期晉南尚有荀國，楊冢當與楊國有關，在今洪桐南，多友追戰玁狁是沿汾水自南向北，玁狁大概向太原方向逃走。（見〈多友鼎的歷史與地理問題〉，《古文字論集》（一），頁16～18，《考古與文物叢刊號》二號，1983年11月）

〔註34〕錢穆，《古史地理論叢》，頁65。涇陽，舊說以爲是漢時的涇陽縣，在今甘肅平涼縣西南，王國維和錢穆均主張指涇水下游。鎬方均難有所指，舊說以爲在宗周和涇陽之間，錢穆認爲方是山西安邑之方山，鎬在今山西。據詩云：「侵鎬及方，至于涇陽。」，則玁狁侵暴的路線是「鎬→方→涇陽」，若謂玁狁在周之西北，則其侵暴之路線應爲「涇陽→方→鎬」才合理，可見把涇陽定在甘肅平涼，以及把玁狁的位置定在周之西北，都與詩義不合。至于錢穆謂方、鎬均在晉南，雖不必然正確，但其所言玁狁侵暴之路線，則較符合詩義。

〔註35〕王國維曰：「太原一地，當在河東，禹貢：『既載壺口，治梁及岐，既修太原，至于岳陽。』鄭注孔傳，均以爲太原爲漢太原郡。然禹治冀州，水實自西而東，疑壺口梁岐而往，至霍太山，其地皆謂之太原。左昭元年傳：『宜汾洮，障大澤，以處太原。』則太原之地，奄有汾洮二水，其地當即漢之河東郡，非漢太原郡矣。」見〈鬼方昆夷玁狁考〉，頁599，錢氏襲之，見〈周初地理考〉」8、11和56各節，《古史地理論叢》。

〔註36〕由「虢仲盨」、「不娶簋」、和〈六月〉詩來看，玁狁侵擾的地區，是在涇洛渭

〈出車〉詩言南仲城方，乃〈六月〉詩所記戰役之延續，詩文曰：

王命南仲，往城于方。出車彭彭，旂旐央央。天子命我。城彼朔方。
赫赫南仲，玁狁于襄。

昔我往矣，黍稷方華；今我來思，雨雪載塗。王事多難，不遑啓居。
豈不懷歸？畏此簡書。

喓喓草蟲，趯趯阜螽。未見君子，憂心忡忡；既見君子，我心則降。
赫赫南仲，玁狁于夷。

崔述根據時間與地點研判，認為此詩與〈六月〉詩乃一時之事，[註37] 可從。
〈六月〉詩言王師伐玁狁至于太原，此言南仲伐玁狁，且受命城方，其時是
「雨雪載塗」，大概是十一、二月了，而詩又曰：「春日遲遲」，則城方之事，
可能還拖至翌年的初春，因此，從宣王出征到南仲方城方，這場戰爭至少持
續了半年以上。從〈采薇〉詩也可以看出這場戰爭進行很久，而且也很艱苦，
詩文曰：

采薇采薇，薇亦作止。曰歸曰歸，歲亦暮止。靡室靡家，玁狁之故。
不遑啓居，玁狁之故。

采薇采薇，薇亦柔止。曰歸曰歸，心亦憂止。憂心烈烈，載飢載渴。
我戍未定，靡使歸聘。

之間和河東的地帶，因此，玁狁的棲息地當在此之北，沈長雲即謂：「玁狁來
伐之處應是周人統治區，周人往伐玁狁之洛水以北以東的秦晉高原，才是玁
狁真正栖息地帶。」（見〈玁狁、鬼方、姜氏之戎不同族別考〉，《人雜誌》，
1983 年第 3 期，頁 75。）

玁狁，陳夢家指其爲允姓（見《殷虛卜辭綜述》，頁 275），王國維認爲它即犬
戎（見〈鬼方昆夷玁狁考〉，頁 605），可見玁狁是專名。但西周晚期玁狁的勢
力甚大，當包括多族在內，崔述即謂：「盡西戎之國不一，而玁狁爲最強，專
言之則曰『玁狁』，概言之則曰『西戎』；猶亦狄有潞氏、甲氏、留吁、鐸辰，
而潞氏爲最強，傳或專言『潞氏』，亦或概言爲『赤狄』也。」（見《崔東壁
遺書》，《豐鎬考信錄》，卷 7，頁 13，世界書局）

西戎，即西方之戎也，爲西北方戎族之泛稱，〈出車〉詩裡玁狁與西戎並舉，
則玁狁亦稱西戎，然據前所論，玁狁棲息於秦晉高原一帶，以方位而言，不
應名爲西戎，此或許西周晚期之戎禍，自宗周東北而包其西，戎族群起爲患，
故有此混稱。

〔註37〕崔述曰：「六月稱『侵鎬及方』，此詩稱『往城于方』，其地同；六月稱『六月
棲棲，戎車既飭』，此詩稱『昔我往矣，黍稷方華』，其時又同。然此二詩乃一
時之事，其文正相表裡。蓋因鎬、方皆爲玁狁所侵，故分道以伐之。吉甫經略
鎬，而南仲經略方耳。」見《崔東壁遺書》，〈豐鎬考信錄〉，卷 7，頁 10～11。

采薇采薇，薇亦剛止。曰歸曰歸，歲亦陽止。王事靡盬，不遑啓處。
憂心孔疚，我行不來。

彼爾維何？維常之華。彼路斯何？君子之車。戎車既駕，四牡業業。
豈敢定居？一月三捷。

駕彼四牡，四牡騤騤。君子所依，小人所腓。四牡翼翼，象弭魚服。
豈不日戒？玁狁孔棘。

昔我往矣，楊柳依依；今我來思，雨雪霏霏。行道遲遲，載飢載渴。
我心傷悲，莫知我哀！

詩曰：「楊柳依依」，是在六月，則與〈六月〉和〈出車〉詩動身的時候相彷。
又曰：「雨雪霏霏」，與〈出車〉詩的「雨雪載塗」，亦屬同一季節。因此，〈采
薇〉詩也是宣王伐玁狁至太原的那年冬季所作。由詩文所見，當時戰爭的進
行還很激烈，一個月打了好幾次勝仗。

綜合〈六月〉、〈出車〉和〈采薇〉三詩的內容，可以大致理出這場戰爭
的進行過程。這場戰爭的起因是，玁狁侵暴河東及渭水下游地區，聲勢浩大，
情勢已很危急，六月時，宣王親自出征，攻伐玁狁至河東地區，尹吉甫也經
略鎬，到了那年冬季，戰爭的進行仍很激烈，〈采薇〉詩故有「一月三捷」之
語。不過，這時玁狁大概已被驅離河東地區，故王命南仲在方築城，乃作防
禦的打算。總計這場戰爭進行的時日至少有半年以上，戰事的進行也很艱苦，
故詩云「不遑啓居」、「我戍未定」。至於戰爭發生的時間，則不易確定，但總
在宣王五年「兮甲盤」所記戰役之後，說不定是因宣王那次伐玁狁於白水縣，
所以才引起玁狁的大舉反撲。這次玁狁來侵，宣王只是將之驅離河東，隨即
築城於方，以為彷禦，而沒有作犁庭掃穴之舉。

宣王除了封申伯於謝，於鎮撫南土外，又徙封韓侯，以鎮撫北國，〈大雅・
韓奕篇〉曰：

奕奕梁山，維禹甸之，有倬其道。韓侯受命，王親命之：「纘戎祖考，
無廢朕命，夙夕匪解，虔共爾位。朕命不易，榦不庭方，以佐戎辟。」
（中略）
韓侯出祖，出宿于屠。（中略）
韓侯取妻，汾王之甥，蹶父之子。韓侯迎止，于蹶之里。（中略）
蹶父孔武，靡國不到。為韓姞相攸，莫如韓樂。（中略）

> 溥彼韓城，燕師所完。以先祖受命，因時百蠻，王錫韓侯，其追其貊，
>
> 奄受百國，因以其伯。實墉實壑，實畝實籍。獻其貔皮，赤豹黃羆。

此詩所言之重要內容有二：第一，韓侯與蹶父結親，新的韓城爲燕師所築；第二，韓侯徙封，王賜與追、貊等族，使爲北國之長。韓侯始封的地點，向有許多的爭議，〔註38〕如欲討論其徙封的地點，再及於追、貊之族源地望，實非本文所能詳析，在此只好略而不論。但韓侯之徙封，負有鞏固北方的作用和使命，卻是可以斷定的。

宣王雖然南征北討，功業彪炳，但外患始終無法徹底平服，而且國力的消耗頗鉅，因此，宣王晚期，對戎人的戰事反而轉趨失利。宣王的中興武功，以伐玁狁始，而其武功之衰退，也以敗於戎人終，茲臚列宣王晚期與戎人交鋒的記錄如下：

三十一年	王遣兵伐太原之戎，不克。〔註39〕
三十六年	王伐條戎、奔戎，王師敗績。〔註40〕
三十九年	王征申戎，破之。〔註41〕
	戰于千畝，王師敗績於姜氏之戎。〔註42〕

以上所伐之戎，大概都在山西，〔註43〕四次戰役中，僅勝一次，而敗二次，一次不克，強弱之勢，已呈逆轉，此若非戎勢轉強，則爲王室武功趨於衰退。伐條戎、奔戎之役，晉國曾參與；千畝之役，晉國也參加了，雖然王師敗績，晉師卻得到勝利。〔註44〕千畝之役，王師大概傷亡慘重，《國語》曰：「宣王既喪南國之師，乃料民於太原。」韋注：「敗於姜戎氏時所亡也」，可見千畝之役，王師傷亡慘重，故宣王欲料民太原，以補充兵源。根據以上四

〔註38〕韓始封的地點，眾說紛紜，計有陝西韓城、河北方城、山西芮城等異說。錢穆主張在陝西韓城，其說翔實，可從。（見〈周初地理考〉，第44、53節）

〔註39〕《後漢書‧西羌傳》注引。

〔註40〕《後漢書‧西羌傳》注引。

〔註41〕《後漢書‧西羌傳》注引。

〔註42〕《國語》卷一〈周語〉上。

〔註43〕太原之戎、條戎、奔戎和姜氏之戎，均在山西，申戎則較難考，陳槃謂申戎亦姜姓，蓋姜戎之別部，亦可名爲姜氏之戎，在山西。（見《春秋大事表列國爵姓及存滅表譔異》，冊六，頁537）

〔註44〕《左傳‧桓公二年》曰：「初，晉穆侯之夫人姜氏以條之役生大子，命之曰仇。其弟以千畝之戰生，命之曰成師。」《史記‧晉世家》亦曰：「晉穆侯四年，取齊女姜氏爲夫人。七年伐條，生太子仇。十年，伐千畝，有功，生少子，命曰成師。」

條資料，可以看出宣王晚期雖屢次在山西用兵，卻是敗多勝少，顯示王室武力已趨衰退。千畝之役，王師傷亡慘重，宣王料民於太原，顯然是再圖出兵，仲山甫曾勸諫之，其理由是官各有所司，民數已知，又何必再調查戶口。其實，其重點在於「臨政示少，諸侯避之」，和「害於政而妨於後嗣」兩句話。也就是，宣王若料民於太原，將示弱於天下，使諸侯遠避王室，而有害於後嗣。宣王不聽仲山甫的勸諫，仍然料民，而十數年後，西周也覆亡了。西周之亡，跟料民於太原應是有關連的，但最重要的是其背後所隱含的意義，即宣王晚期王室武力衰弱，兵源不繼，相對地，戎勢轉強，此一局勢的發展，實爲導致西周覆亡的主要原因之一。

宣王死後，幽王繼立，幽王在位十一年，即被犬戎追殺於驪山下，西周時代至此結束。西周之所以亡於幽王之手，一方面是自宣王晚期開始，對戎人的戰事居於劣勢，戎勢相對地轉強，對王畿形成嚴重的威脅。另一方面是幽王昏闇，政治一片混亂，使國事益發不可爲，最後因廢太子宜臼，引起申、繒聯合犬戎入侵，而直接導致西周覆亡。

宣王晚期，屢次征伐戎人，卻是敗多勝少，顯示王室的武力，已趨於衰弱，戎勢轉強，幽王初年，戎人再度侵及周朝的心臟地區，《竹書紀年》曰：

> 後十年（案：指幽王三年），幽王命伯士伐六濟之戎，軍敗，伯士死焉。〔註45〕

六濟之戎，不詳所在，王命伯士伐之，不僅打敗仗，伯士還陣歿，這更顯示王軍已難以遏抑戎勢。同年，戎人再度進圍犬丘，《後漢書·西羌傳》曰：

> 其年（案：指幽王三年），戎圍犬丘，虜秦襄公之兄伯父。

《史記·秦本紀》亦載其事曰：

> 襄公二年，戎圍犬丘，世父擊之，爲戎人所虜，歲餘，復歸世父。

伯父與世父當爲一人。據〈秦本紀〉，世父爲秦莊公之長子，自居犬丘擊戎，欲爲伯父秦仲復仇。前面提過宣王四年使秦莊公伐西戎，破之，戎勢稍退，如今戎人圍犬丘，擄世父，顯見戎人的勢力再度侵及周朝的心臟地區。

伯士之戰死，以及戎勢轉熾，所造成的影響應當是很大的。幽王六年，皇父作都於向，可能就是懼於戎患。在邊患日亟的情勢下，幽王不理朝政，更加深了亡國的危機，由〈小雅·十月之交〉、〈雨無正〉和〈節南山〉等詩篇，可以看出當時政事一團糟，據〈十月之交〉，政事被皇父、番、家伯、仲

〔註45〕《後漢書·西羌傳》注引。

允、聚子、蹶和楀等人所把持，他們胡作非爲、毀人房屋、沒收田地，皇父最後還作都於向，盡遷遺老。〈雨無正〉則曰「正大夫離居」、「三事大夫莫肯夙夕」、「邦君諸侯，莫肯朝夕」。〈節南山〉亦謂喪亂弘多，而詰問尹氏大師何不正國事？凡此都顯示政治上呈現一片混亂的現象。在這樣的局勢之下，西周又發生了天災地變，更增加了混亂的嚴重性。幽王二年，西周三川皆震，三川竭，岐山崩；〔註46〕幽王六年，發生日月食，「百川沸騰，山冢崒崩，高岸爲谷，深谷爲陵」；〔註47〕而最嚴重的是又降饑饉，〈雨無正〉曰：

> 浩浩昊天，不駿其德，降喪饑饉，斬伐四國。

既言「斬伐四國」，可見災區的範圍相當大。〈大雅・召旻〉亦曰：

> 昊天疾威，天篤降喪，瘨我饑饉，民卒流亡，我居圉卒荒。
>
> 天降罪罟，蟊賊內訌。昏椓靡共，潰潰回遹，實靖夷我邦。
>
> （中略）
>
> 如彼歲旱，草不潰茂，如彼棲苴。我相此邦，無不潰止。
>
> （中略）
>
> 昔先王受命有如召公，日辟國百里，今也日蹙國百里。

大饑荒之發生，最易導致社會的動盪不安，〈召旻篇〉首言天降饑饉，人民流亡；次言爭訟之人，使國內潰亂，情勢一片混亂，將顛覆此國；再將國家喻爲歲旱之草，行將崩潰；最後則云國土日削百里，此誠爲幽王時代整個情勢的最佳寫照。

邊患嚴重，朝政紊亂，再加以天災地變，國脈已飄搖欲墜，幽王寵愛褒姒，廢太子宜臼，則直接導致西周的覆亡。

周幽王伐有褒，褒人以褒姒女焉，褒姒有寵，生伯服，於是乎與虢石甫比，逐太子宜臼，而立伯服，太子出奔申，申人、鄫人召西戎以伐周，周於是乎亡。〔註48〕

大概自皇父作都於向後，虢石父繼任爲卿士，而與褒姒朋比爲奸。據《竹書紀年》，逐太子宜臼，立伯服爲太子之事，發生於幽王八年，當時宜臼出奔西申。〔註49〕自幽王廢太子後，亡國之勢已愈趨明顯，一方面是因虢石父與

〔註46〕《國語》卷1〈周語〉上。

〔註47〕《小雅・十月之交》。

〔註48〕《國語》，卷7〈晉語〉一。

〔註49〕《左傳・昭公26年》正義引。

褒姒朋比爲奸，朝政依舊混亂，《國語》曰：「幽王以褒后故，王室治多邪，諸侯或畔之。」；〔註50〕另一方面，太子宜臼的外祖父是強藩申侯，幽王廢宜臼，自然會引起申侯的不服。申國的地位相當重要，孝王時申侯曾自言：「申駱重婚，西戎皆服」，可見申國也有保護西陲的作用，幽王之時，戎患嚴重，正需申侯鼎力相助，以禦戎亂，如今反而開罪申侯，申侯若轉而與戎人聯手，其勢將不堪設想，史伯曾分析此一形勢曰：

> 申、繪、西戎方彊，王室方騷，將以縱欲，不亦難乎？王欲殺太子以成伯服，必求申，申人弗畀，必伐之。若伐申，而繪與西戎會以伐周，周不守矣。〔註51〕

幽王昏闇，昧於此一形勢之險惡，致內憂外患交迫而至，一發不可收拾。當時已有人察覺，準備逃離，幽王十年時，鄭桓公即詢問史伯曰：「王室多故，余懼及焉，其何所以逃死？」〔註52〕鄭桓公出自厲王，是幽王的叔父，當時又任司徒之官，政績不錯，連他都作逃難的準備，其他人的心理如何，也就可想而知了。

　　幽王十一年，幽王被犬戎追殺於驪山下。關於幽王被殺的原因和經過，《史記·周本紀》曰：

> 幽王以虢石父爲卿，用事，國人皆怨。石父爲人佞巧善諛好利，王用之。又廢申后，去太子也。申侯怒，與繪、西夷犬戎攻幽王。幽王舉烽火徵兵，兵莫至。遂殺幽王驪山下，盡取周賂而去。

驪山，在今陝西臨潼縣東南。《竹書紀年》則言幽王死於戲，〔註53〕《國語》亦曰：「幽滅於戲」，〔註54〕韋注：「戲，戲山，在西周也。」其地望不詳，或許即是驪山。申侯之所以聯合繪與犬戎攻殺幽王，可能是爲幽王所迫，而非主動反周，因爲太子宜臼在八年被廢，至十一年申侯才伐周，其間經過了二年多，未曾見到申侯有出兵的舉動，似乎申侯雖然心中不滿，但還沒有打算反周。而且根據前面史伯之分析，他認爲幽王必會向申人索討宜臼，申人必定不給，而幽王必會伐申，史伯之言，是回答鄭桓公「何所以逃死」之問，他所講的應該是當時的情勢，由此可以推測，可能幽王索討宜臼不遂，打算

〔註50〕《國語》，卷16，〈鄭語〉。
〔註51〕《國語》，卷16，〈鄭語〉。
〔註52〕《國語》，卷16，〈鄭語〉。
〔註53〕《左傳·昭公26年》正義引。
〔註54〕《國語》，卷4，〈魯語〉上。

征伐申國，申侯才聯合繒與犬戎伐周。幽王曾於太室（即今嵩山）舉行軍事大會，〔註55〕結果戎狄叛之。此事不知發生於何年，但盟於太室，可能是為了伐申，所以導致戎狄反叛，因為戎人可能先與申侯結有盟約，幽王欲伐申，戎狄自然依約與申、繒聯合伐周。或許正因為幽王在太室舉行軍事大會，準備伐申，所以申侯才先發制人，出兵伐周。

四、周王室應付外患成效評析

西周晚期，周王室與四周外患，如東夷、淮夷、群濮、荊楚和戎人、玁狁的戰爭過程，已如上述，越到後期，似乎有越嚴重的趨勢。接下來想根據這些資料，來探討幾個問題，第一，周初封建時是否對境域四周布置防禦線？成效如何？第二，為何西周晚期外患加熾？第三，西周晚期外患情形與周初不同，周王室在防禦面上是否做過調整？成效如何？以下就這些問題作一探討。

西周初期，周人最大的威脅來自東方。據學者指出，商王朝的政治結構，是一種不平等的方國聯盟，周人所代表的是新興的西土聯盟，〔註56〕西土聯盟雖然一戰克商，但其實力恐無法徹底降服殷人，因此，牧野戰後，周人一時無法繼續東進，乃封紂子武庚於朝歌，以示妥協。然武王去世後，三監〔註57〕反，

〔註55〕《竹書紀年》曰：「盟於太室」《北堂書鈔》，卷21〈帝王部〉所引。《左傳》亦曰：「周幽為大室之盟，戎狄叛之。」（昭公4年）

〔註56〕林澐，〈甲骨文中的商代方國聯盟〉，《古文字研字》第6輯（1981年）。

〔註57〕「三監」是指管叔、蔡叔、霍叔，抑或管叔、蔡叔、武庚，歷來有不少的爭論，清儒王引之的《經義述聞》卷三「三監」條下，對文獻中有關記載進行了排比、分析道：

> 監殷之人，其說有二。或以為「管叔、蔡叔」，而無「霍叔」，定4年《左傳》、〈楚語〉、《〈小雅・棠棣〉序》、《豳風・鴟鴞傳》、《破斧傳》、《呂氏春秋・察微篇》、〈開春篇〉、《淮南・氾論篇》、〈泰族篇〉、〈要略篇〉、《史記・周本紀》、〈魯世家〉、〈管蔡世家〉、〈衛世家〉是也。或以為「管叔、霍叔」，而無「蔡叔」，《逸周書・雒篇》、《商子・賞刑篇》是也。武庚及二叔皆有監殷臣民之責，故謂之「三監」。或以為「武庚、管、蔡」為三監，或以為「武庚、管、霍」為三監，則傳聞不同也，……而以「管、蔡、霍」為三監，則自康成始為此說。

據王氏的分析，從春秋到西漢的文獻皆載「三監」是武夷與二叔，都有監殷臣民之責，後來流行以三叔為監武庚的「三監」的說法，是始於東漢末年的鄭玄（《毛詩譜》）。因此，以三叔為三監的說法是較後起的，而且不夠可靠，清代學者姚鼐在〈管蔡監殷說〉中云：「周謂諸侯君其民曰「監」，故曰「監殷」非監制武庚之謂也。」（見《惜抱軒全集・九經說五》）《漢書・地理志》謂以邶、鄘、衛封予武庚、管叔、蔡叔，「以監殷民，謂之三監」的說法應較

奄和東夷附之，局勢非常險惡，周人乃再次東征，經過一番征戰，才弭平亂事，底定東方。〔註58〕由於河南山東是殷人政治勢力的核心地區，〔註59〕殷人、奄和東夷又曾大規模反周，因此，周初軍事征伐的重點，就集中在這個地區。同時，爲了加強控制，這裡的同姓封國也最多，《左傳》曰：

> 昔周公弔二叔之不咸，封建親戚，以蕃屏周。管、蔡、郕、霍、魯、
> 衛、毛、聃、郜、雍、曹、滕、畢、原、酆、郇，文之昭也。邘、晉、
> 應、韓，武之穆也。凡、蔣、邢、茅、胙、祭，周公之胤也。〔註60〕

同姓諸侯之封，是爲了「以蕃屏周」，據統計，這二十六國的分佈情形，在河南者十三，當全數之半，在山東者六，在陝西省三，在河北者一；〔註61〕河南山東共有十九個封國，佔總數的三分之二強，其中還包括衛、魯、齊三個大封國，可見周人對東方用力之深了。

值得注意的是，這項征服結果，對西周中晚期的軍防大勢，有很大的影響。楊寬曾分析西周封國的作用，他指出：郕、滕、魯是用以控制東夷和淮夷，蔣用以控制淮水以南的群舒及淮夷，邢控制戎狄，唐、韓也控制戎狄。〔註62〕這

爲可信。近人顧頡剛對此一問題有詳細的討論（見〈「三監」人物及其疆地——周公東征史事考證之一〉，《文史》第 21 輯，1982 年 10 月）。

〔註58〕關於二次東征，葉達雄先生認爲是成王親自率軍前往平定管、蔡的作亂，一方面派周公率軍直接討伐武庚，雙管齊下，等到管、蔡亂平之後，成王再前往伐祿父等東夷。（見「西周文、武、成、康時代的文治與武力」，收於《西周政治史研究》，頁 28，明文書局，民國 71 年 10 月中）。杜正勝先生則認爲二次東征是由周公所領導，成王根本沒有參與（見「尚書中的周公」，收於氏著《周代城邦》，頁 157～220，聯經出版事業公司，民國 70 年 8 月）兩說未知孰是，但不論如何，到成王五年雒邑建成後，東方可能已經底定。

〔註59〕陳夢家曾根據古史傳說，與卜辭所見都邑和征伐的方國，定出商殷的四界如下：
北約在緯度四十度以南易水流域及其周圍平原。
南約在緯度三三度以北淮水流域與淮陽山脈。
西不過經度一一二度在太行山脈與伏牛山脈之東。
東至於黃海、渤海。
而謂：「這個區域相當於今天行政區域的山東、河北、河南三省和安徽、江蘇兩省的北部，而以河南、山東兩省爲主要部份。」見《殷虛卜辭綜述》（台北，大通書局），頁 311。

〔註60〕《左傳·僖公 24 年》。

〔註61〕見齊思和，〈西周地理考〉，原載《燕京學報》，第 30 期，收入《中國史探研》（台北，弘文館出版社，民國 74 年 9 月），頁 45～46。

〔註62〕楊寬，〈西周春秋時代對東方和北方的開發〉，《中華文史論叢》，1982 年第 4 期，頁 109～132。

些封國，有些發揮了很大的作用，有些則否。在東方，周人設置了衛、魯、郕、滕、齊等封國，但對東夷的控制似乎尚不牢固。〔註63〕邢、唐之控制戎狄，根據〈臣諫簋〉〔註64〕及春秋初期邢侯破戎的記錄來看，「可知邢國的建立本來就有遏制戎人，作爲周朝北方屏障的作用，以護衛、齊、宋、魯等華夏諸侯。」〔註65〕迄魯僖公二年，刑被狄人擊潰爲止，邢國似乎一直都能圓滿地達成任務；唐則不然，根據《左傳》，唐之受封，是「分唐叔以大路、密須之鼓、闕鞏、沽洗、懷姓九宗，職官五正」（定公四年），爲周初重要封國之一，但觀西周晚期，玁狁肆虐，蔚爲北方大患，王師頻頻出動，可知唐並沒有發揮預期的防禦作用。在南方，有所謂「漢陽諸姬」，大概以蔣、隋最重要，但觀西周中晚期淮夷爲禍之烈，亦可知這些封國並沒有發揮作用。總括說來，東方是殷人勢力的核心區域，周人在此用力最深，所得的成果也最大，國基因之穩固，但相對地，由於在此耗費的精力過大，以致在其他方面的發展，顯得心勞力絀。在北方，只能採取守勢，在南方，雖略有進展，但成效不大，西周晚期玁狁、戎人與淮夷南北交相爲患，不能不說是肇因於此一軍事發展的特質。

西周初期，周王室二次東征，底定東方，重行封建，建立了一個以姬姓血緣爲主的封建王朝。東方是殷人和東夷勢力核心地帶，周人雖然在此設置許多大小封國，以鞏固此一地區，但周人的勢力似乎僅及臨淄──滕縣一帶，〔註66〕由「史密簋」〔註67〕、「禹鼎」銘文和《詩經‧魯頌‧閟宮》〔註68〕來

〔註63〕參閱梁國眞，〈商周時代的東夷與淮夷〉（文化大學史學研究所博士論文，民國83年6月），第四章「西周和春秋時代的東夷與淮夷」。

〔註64〕「臣諫簋」年代約在成康之際，銘文曰：

佳戎大出（于）軧，井（邢）侯厤（搏）

戎，延（誕）令臣諫呂□□亞

旅處于軧，（從）王□□。（下略）（李學勤、唐雲明，〈元氏銅器與西周的邢國〉，《考古》，1979年第1期）。

乃言戎人大舉來犯，邢侯禦之，諫受命率軍出居於軧。軧，李學勤等認爲可以通泜，故軧國乃由地處泜水（今之槐河）流域而得名。這次戰役的結果未知如何，戎人可能被擊敗。

〔註65〕李學勤、唐雲明，〈元氏銅器與西周的邢國〉。

〔註66〕梁國眞，〈商周時代的東夷與淮夷〉，頁108。

〔註67〕1986年陝西省安康縣出土一件「史密簋」，記載南夷、杞夷、舟夷伐東國之事，銘文曰：

佳（唯）十又一月，王令（命）師俗、史密曰：「東征。敆南尸（夷）虘、虎、會杞尸（夷）、舟（州）尸（夷）雚（讙）不阼（折），廣伐東或（國）齊自、族土、述（隧）人，乃執鄙（鄙）寬亞。「師俗連（率）齊自、述（遂）人左、

看，終西周一代，東夷仍未完全降服周王朝。從周初封建的形勢來分析，齊、魯、滕應是周人控制東夷的前線重鎮，從這裡到衛再配置一些封國，如郕、郜、曹、茅等，基本上東夷與周人仍然維持一個緊張微妙的局面。

到了西周中期，隨著時勢推移，淮水流域的夷人勢力興起，屢次攻伐周王朝，形成周王朝的心腹大患。穆王曾大起九師伐徐，〔註 69〕金文多處記載淮夷攻伐內國，〔註 70〕周師防禦或淮夷交戰的地點，在古阜、胡、堂阜、棫林等處，大抵在今河南葉縣和郾城縣，〔註 71〕論者遂謂：「河南郾城縣境的胡

□伐長必。史密右，達（率）族人、釐（萊）白（伯）、𤿴（棘）、屑（夷），周伐長必，隻（獲）百人。對揚天子休，用乍（作）朕文考乙白（伯）噂簋，子子孫孫其永寶用。

銘文言南夷的虞、虎二國，會合杞夷、舟夷廣伐東國的齊呂、族土、遂地之民，俘走邊鄙邑的亞士，周王乃命師俗和史密東征，師俗率齊師、遂人，史密率族人和萊、棘、屑等國軍隊圍攻長必，獲得勝利。有關銘文中的一些國名、地名，學者意見不一。由銘文的記載來，南夷的盧、虎當位於漢、淮一帶，它們聯合杞夷、舟夷攻伐齊國，周人率齊師、萊師等和它們交戰於長必，長必地望不詳，據推測此次戰爭的主要戰場大約在山東的中部南部，見（張懋鎔等，〈安康出土的史密簋及其意義〉，《文物》1989 年第 7 期，頁 67）。王輝則認為戰爭的地區西到齊都臨淄的周圍，東到平度、即墨，北到渤海，南到黃海，大體在今濰坊地區及青島、淄博二市範圍以內（見王輝〈史密簋銘文考地〉，《人文雜誌》1991 年第 4 期。）李仲操主張夷人廣伐東國的主要目標在於攻齊，夷人的進軍路線是從肥城走萊蕪峪攻臨淄，從肥城南至殷陽一線約四百里在夷軍的控制之下，周師東、西兩翼合擊夷軍的目標在長必，長必大概在萊蕪東北（見〈再論史密簋所記作戰地點〉，《人文雜誌》，1992 年第 2 期）。

〔註 68〕《詩經·魯頌·閟宮》載有魯國失國之事，〈閟宮〉云：

泰山巖巖，魯邦所詹。奄有龜蒙，遂荒大東，至于海邦。淮夷來同，莫不率從，魯侯之功。保有鳧繹，遂荒徐宅，至于海邦，淮夷蠻貊，及彼南夷，莫不率從，莫敢不諾，魯侯是若。天錫公純嘏，眉壽保魯、居常與許，復周公之宇。

舊云這是奚斯頌魯僖公之詩，但詩云「居常與許，復周公之宇」，「周公之宇」是指魯國，既謂「復」就表示曾有「失」，亦即魯國曾被攻陷。查《左傳》魯僖公時並未有失國之事，頗疑這是西周時期的詩篇。細繹詩文，魯曾一度失陷，魯侯以常與許為根據地，再度規復魯國，並且攻伐至海邊，使淮夷、南夷歸順魯國。如此說來攻陷魯國的大概是淮夷，魯國失守後，魯侯或許再藉他國之力收復舊宇，並平服淮夷，詩人乃大肆渲染魯侯之功績。

〔註 69〕見《竹書紀年》，《文選·恨賦》注所引。

〔註 70〕如「泉戜卣」、「𥝊卣」、「遇甗」、「敔鼎」、「敔𣪘」、「泉簋」、「戜方簋」、「戜方鼎」等。相關討論，見黃盛璋〈泉伯戜銅器及其相關問題〉，《考古與文物》，1983 年第 5 期。

〔註 71〕徐中舒，〈禹鼎的時代及其相關問題〉，《考古學報》，1959 年第 3 期，頁 59。

國一直是西周對南夷作戰的主要據點，以此為中心，東及陳、蔡，西連許、葉，構成一道向東南敞開的軍事屏障，而在此線以東以南則主要是南淮夷（南夷）活動區域。」〔註72〕

西周中期偏晚的「禹鼎」、「敔簋」，〔註73〕記載淮夷、邵璞、東夷攻伐周王朝，周王室派遣西六師和殷八師前往平亂，王師畏於敵勢，竟畏卻不前，還是命令卿士武公率兵增援，才瓦解敵勢。這場戰役的作戰地點大概是在陝西東南部一帶，已接近宗周，〔註74〕淮夷是直攻周王室的腹心。這一次淮夷的進軍路線與以前稍有不同，穆、恭時期周師與淮夷纏戰的地點是在汝水一帶，淮夷是沿著淮水支流而上攻伐周王朝，周王室把防禦淮夷的軍防重心放在上蔡、陳、許、葉縣一帶。但到了西周中葉晚期，淮夷攻抵陝西東南部，淮夷的行軍路線顯然是沿淮而上，經南陽盆地，再溯漢水而上直抵伊水上游一帶。

西周晚期，周王朝與淮夷的對峙局勢依舊，不同的是荊蠻的勢力也興起，周王室在南方的局勢，變得愈來愈複雜。據「禹鼎」、「敔簋」銘文記載，鄂侯率領淮夷北上，驅入南陽盆地，周王室即無防禦能力。南陽盆地位居南北要衝，當時似乎沒有重要邦國封建於此，隨著淮夷轉移攻伐路線，這裡的國防弱點頓時暴露出來，日後宣王命召伯虎經營南國，徙封申伯於南陽，正是此一軍防形勢轉變的結果。

西周晚期的外患，比起西周早、中期，更為熾盛，尤其宣王時代，似有「四夷俱動」之勢，南有徐夷、淮夷、荊蠻之亂，東方亦不平靖。〔註75〕最嚴重的是北方的玁狁、戎人，宣王為了征伐玁狁、戎人，竟至王師實力大減，而須料民於太原，以補充兵源，周王室也就此步入衰亡命運。

淮夷似是由東夷分支出來，散布於淮水流域一帶，大小邦國林立，徐國似為其盟主。淮夷分布於淮水流域，淮河支流眾多，河溝密布，周王朝欲一

〔註72〕晏昌貴，〈西周胡國地望及其相關問題〉，《河北大學學報》，1990年第1期，頁26。

〔註73〕徐中舒，〈禹鼎的時代及其相關問題〉。郭沫若，《周兩金文辭大系考釋》，頁110。

〔註74〕郭沫若，《周兩金文辭大系考釋》，頁110。

〔註75〕宣王之時，東方可能也有騷亂，〈大雅・蒸民篇〉曰：「王命仲山甫：『式是百辟，纘戎祖考，王躬是保。』出納王命，王之喉舌。賦政于外，四方爰發。（中略）王命仲山甫，城彼東方。四牡騤騤，八鸞喈喈，仲山甫徂齊，式遄其歸。」由詩文所見，仲山甫是宣王左右的重臣，宣王命他到齊國築城，可見當時東方也不太平靜。

舉征服此地，並非易事。從穆王時代起，淮夷似乎逐漸從東夷集團中脫穎而出，〔註 76〕領導山東的東夷，與周王朝形成抗衡的態勢，並進一步與江漢間的其他方國，如鄂、群濮等有所聯合，自東方、東南方，而至南方，對周王朝形成合圍之勢。周王室也從齊、魯、滕、陳、蔡、許、葉、申建構一條防線，防禦淮夷等進攻。

戎人，主要分布於晉、陝一帶，〔註 77〕其生活習慣、風俗語言，有異中原，自周初起雙方即發生衝突，成、康之際的「臣諫簋」記邢侯破戎之事，康王時期「小盂鼎」銘文記伐鬼方之事，應即北方的戎人。〔註 78〕厲王之後，戎勢突然轉強，玁狁尤為勇悍，宣王晚年伐戎屢遭失敗，成為西周滅亡的主要原因之一。西周晚期，淮夷與玁狁、戎人南北交相為患，周人大有疲於應付之勢，李學勤曾比較玁狁與淮夷的差別道：「玁狁是北方主要從事游牧的少數民族，對周朝的威脅是軍事性質的，周朝為了保護自己統治的界域，不得不屢加抗擊。淮夷則是定居的，生產比較發展的人民，他們常服屬於周，向王朝入貢，並與周人有較多的貿易關係。淮夷對周朝的侵犯，很可能是由於周朝的壓迫榨取所激起。」〔註 79〕

對於戎人的防禦，周王室大概是採取下列幾項策略：一、從岐周 —— 宗周 —— 成周 —— 衛 —— 邢，形成一道防線；二、封唐於河東，深入戎境，宣王時代加封韓侯於北國；三、關中地區廣封強藩，如秦、申等，並與戎人結好，以衛岐周與宗周。基本上，直到西周晚期，這道防線還能發揮作用。但自厲王起，戎勢轉熾，宣王大力伐戎，以勝利始，而以失敗終。最後，幽王昏闇誤國，導致申、繒聯合犬戎伐周，赫赫宗周至此覆滅。

五、結 語

西周晚期，外患情形嚴重。厲王之時，群濮聯合淮夷、東夷伐周，形成嚴重的威脅。其實自西周中期起，淮夷即屢次伐周，攻伐的地點在汝水一帶。但稍晚之後，淮夷伐周的路線，改經南陽盆地，循漢水、伊水，直攻周王室腹心，宣王之時，淮夷再伐周，宣王平淮夷，封申於謝，以鎮撫南國，此時

〔註 76〕張懋鎔，〈西周南淮夷稱名與軍事考〉，《人文雜誌》，1990 年第 4 期。
〔註 77〕沈長雲，〈玁狁、鬼方、姜氏之戎不同族別考〉。
〔註 78〕王國維，〈鬼方昆夷玁狁考〉。
〔註 79〕李學勤，〈兮甲盤與駒父盨 —— 論西周末年周朝與淮夷的關係〉。

南方亦有荊蠻之亂。淮夷結合東夷、江漢各國，對周王室形成合圍之勢。周王室亦自齊、魯、滕、蔡、陳、許、蔡至申，建構了一道防線。

周王室能力拒淮夷之擾，淮夷有時還是降服於周王室，但對於北方戎人，周王室卻束手無策，厲王之時曾大破玁狁，但西戎也滅護衛西陲的大駱犬丘之族。宣王即位初期，曾破玁狁與戎人，但至晚年，伐戎卻屢次失利，戎勢轉盛，最後幽王之時，申、繒聯合犬戎伐周，追殺幽王於戲。戎人大致上分布於陝西、山西一帶，對周王室亦是一大威脅，周人對戎人的防禦，大概是採取下列幾項策略：一、從岐周 —— 宗周 —— 成周 —— 衛 —— 邢，形成一道防線；二、封唐於河東，深入戎境；三、關中地區廣封強藩，如秦、申等，並與戎人結好，以衛岐周與宗周。不過，自厲王起，戎勢轉熾，宣王大力伐戎，以勝利始，而以失敗終，強弱之勢逆轉。

綜觀西周晚期外患，南方的淮夷、東夷、群濮，時服時叛，但並未造成周王室的致命威脅。倒是北方的戎人，部族眾多，強悍難服，勢力不斷增強，構成了周王室的致命傷。周王室在應付南北外患上，建構了兩道戰線，以西六師、殷八師為主力，輔以諸侯聯軍，在兵力不可謂不夠強大，但最後在伐戎上，竟屢遭失敗，這值得令人深思。